먼데이 모닝 리더십  우먼

발레리 소콜로스키 지음 | 정경란 옮김

HANEON.COM

먼데이 모닝 리더십 우먼

펴 냄	2006년 2월 20일 1판 1쇄 펴냄 / 2006년 8월 15일 1판 2쇄 펴냄
지은이	발레리 소콜로스키
옮긴이	정경란
펴낸이	김철종
펴낸곳	(주)한언
	등록번호 제1-128호 / 등록일자 1983. 9. 30
주 소	서울시 마포구 신수동 63-14 구 프라자 6층 (우 121-854)
	TEL. 02-701-6616(대) / FAX. 701-4449
책임편집	최선혜 sunhae@haneon.com
디자인	원미정 mjwon@haneon.com
홈페이지	www.haneon.com
e-mail	haneon@haneon.com

ISBN 89-5596-310-6 03320

"당신이 항상 긍정적인 태도를 유지하고
팀원들을 있는 그대로 대하면,
팀원들은 당신을 위해서 열심히 일할 거예요.
왜냐하면 팀원들은 당신을 신뢰하니까요."

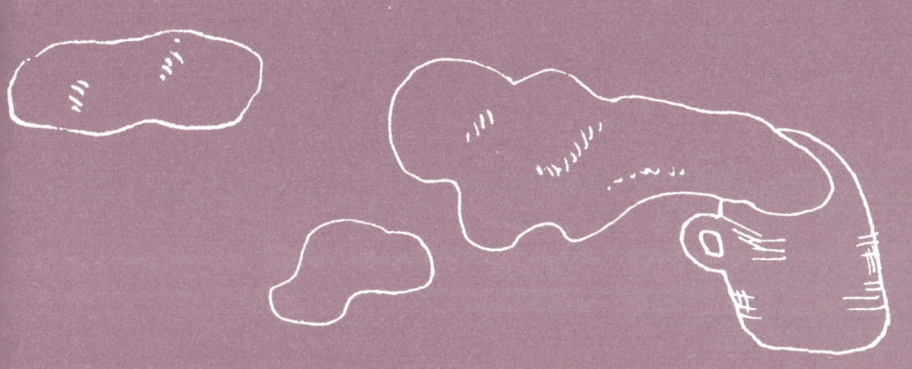

먼데이 모닝 리더십 우먼

Monday Morning Leadership for Women

Believe in you!

To. _____

From. _____

CONTENTS

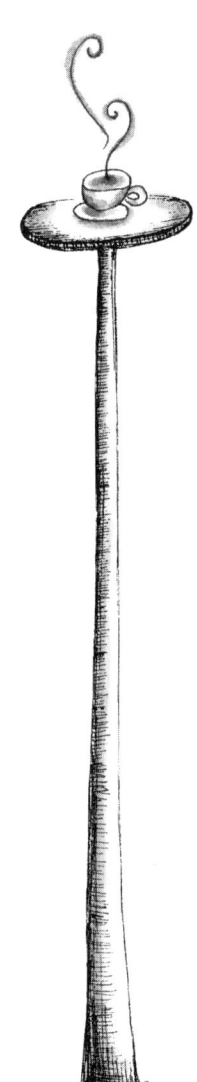

커피 한 잔과 함께한 희망의 리더십 미팅

"어떻게 내 경력과 생활, 이 모든 것이 단 몇 달 사이에 한 꺼번에 와르르 무너져 버렸을까?"

불과 2년 전, 내게 닥친 현실을 직시하는 것은 너무도 고통 스러운 경험이었다. 그럼에도 나는 스스로에게 수없이 같은 질문을 던지며 나를 구원해줄 해답을 찾고자 노력했다. 직장 에서나 개인적인 삶에서나 무엇 하나 모자람 없이 성공가도 를 달리던 내가 어떻게 삐걱거리게 되었는지, 어떻게 그 어려 운 고비를 넘기고 다시 정상궤도로 올라설 수 있었는지 내 솔 직한 이야기들을 이 책을 집어든 당신에게 생생하게 알려주 고 싶다.

모든 것이 내 손아귀를 벗어나 제멋대로 소용돌이치던 그 때, 시커멓게 폭풍우치는 바다에서 한 줄기 도움의 빛을 내뿜어 나를 구원해준 멘토를 얻은 일은 나, 테일러 그랜트*Taylor Grant*의 인생에서 가장 값지고 소중한 보물이었다. 만약 그 때 그녀의 도움이 없었다면…, 지금의 내 모습은 정말 상상조차 하기 힘들다.

사실 그렇게 오래된 일도 아니다. 사회생활을 시작한 지 오래지 않아 막 관리자급으로 승진한 나는 마치 온 세계가 내 발밑에 있는 것처럼 자신만만했다. 회사에서 나만큼 능력 있는 사람은 없다고 느꼈고, 초고속 승진 정도는 당연하다고 생각했다. 관리자로 승진하기 전, 나는 지금 생각해도 꽤나 대단한 성과를 냈었다. 자찬하는 것은 아니지만 사실대로 표현하자면 나는 당시 우리 회사의 떠오르는 스타였다. 그리고 우리 팀의 관리자 자리가 비었을 때, 그야말로 나는 '준비된 인물'이나 마찬가지였다. 나의 성공적인 업무성과를 목격한 회사 직원들도 내가 관리자로서 손색이 없으리라 기대했다.

처음 몇 달간은 승승장구였다. 우리 팀에는 아무런 문제도 일어나지 않았고, 조직을 이끄는 리더야말로 내게 딱 어울리는 자리처럼 느껴졌다. 물론 이제 막 관리자로서 출발한 나에게 우연히 주어진 행운이었는지도 모른다. 이유야 어쨌든,

나와 우리 팀은 성공적으로 목표를 달성했다. 팀원들은 나의 리더십에 긍정적으로 따라주는 것처럼 보였고, 모두가 한 마음으로 즐겁게 일하는 것 같았다. 회사에 들어서면 정말 기분 좋은 일만 가득했다.

나의 행복은 회사에서뿐만이 아니었다! 그때 내 앞에 나타난 마이클Michael을 본 순간 우리는 순식간에 사랑에 빠졌고, 그와의 결혼은 내게 가늠할 수 없는 커다란 축복이었다. 결혼 후 우리는 세상에서 가장 사랑스러운 두 아들, 메이슨Mason과 조쉬Josh를 얻었다. 저녁이면 가족 모두가 시끌벅적하게 게임을 즐기거나 자전거를 타러 나가고, 주말에는 호수로 소풍을 갔다. 그저 가족과 함께 있다는 것만으로도 행복한 시간이었다. 소풍, 야구, 수영…, 그 무엇을 해도 웃음이 그치지 않았다. 인생은 정말 행복 그 자체였다!

그러나 모든 것이 조금씩 뒤틀리기 시작하면서 내 인생도 변하기 시작했다. 이상하게도 업무는 더 이상 발전이 없었고 생산성은 바닥을 향하기 시작했다. 타사와의 경쟁은 날로 치열해져갔고 성과에 대한 압박감은 그 어느 때보다도 나를 짓눌렀다. 엎친 데 덮친 격으로 팀원들까지 내 뜻대로 움직여주지 않았다. 달콤했던 꿈은 끝나고 무서운 현실이 내 앞으로 성큼 다가온 것이다.

나는 우리 팀이 집중력을 가지고 생산적으로 일할 수 있도록 고군분투했다. 그러나 경제상황은 폭풍 앞에 힘없이 나부끼는 깃발처럼 불안하게 흔들리기만 했다. 중역들은 걸핏하면 이래저래 전략을 바꾸기 시작했고, 우리는 격동의 경제상황 속에서 더욱 힘겹게 싸워야만 했다. 당연히 근무량도 늘어나서, 주5일제 근무였지만 한 달에 적어도 두 번은 토요일에도 근무를 할 수밖에 없었다. 한 달에 한 번 있던 회의는 주마다 하게 되었고, 회의 때마다 우리는 무슨 일을 우선순위로 놓아야 할지 격론을 벌였다. 나와 우리 팀은 점점 지쳐갔다.

관리자로서 나는 책임감을 느낄 수밖에 없었고 팀이 겪고 있는 불안한 환경에 대해서 약간의 죄책감까지 느꼈다. 다들 먹여 살릴 가족이 있었지만 회사에서는 감봉과 구조조정에 관한 흉흉한 소문이 떠돌았다. 이런 상황에서 팀원들의 사기가 어떨지는 누구라도 짐작할 수 있을 것이다. 나는 우리 팀원들이 다른 회사를 기웃거리다가 하나 둘 떠나가는 게 아닌가 하는 불안감에 휩싸였다. 또한 관리자로서 문제해결에 한몫 하고자 했던 나는, 어느 순간 오히려 내가 문제의 일부분일 수도 있다는 것을 자각하게 되었다.

직장에서의 문제는 자연스럽게 개인적인 생활도 엉망으로 만들었다. 언제나 바쁜 일정과, 문제투성이 업무, 과중한 스트레스는 곧 가정생활에도 커다란 영향을 미치기 시작했다. 아이들도 갑자기 말을 잘 안 들었고 엄마에게 불만이 가득 쌓인 것 같았다.

다행히 인내심 많은 남편 마이클은 변함없이 나를 격려해 주었다. 그렇지만 집에 가서도 회사 일을 걱정해야 한다는 사실에 정말 짜증이 났다. 남편도 역시 직장에서 이런 저런 일로 힘들 텐데 말이다. 나는 마이클의 회사도 롤러코스터처럼 변화무쌍한 경기 때문에 이리저리 휘청거리고 있다는 것을 잘 알고 있었다.

우리 부부를 괴롭히는 스트레스는 점점 더 심각해졌다. 마이클과 나는 결혼 초부터 아이들은 엄마와 아빠가 똑같이 보살피며 키우기로 합의했었다. 우리는 아이들의 축구경기, 발표회 같은 활동에 기꺼이 참가해서 함께 즐기곤 했다. 나는 아이들이 크는 모습을 하나도 놓치고 싶지 않았다. 산더미 같은 업무가 나를 기다리고 있어도, 아이의 축구시합이 있으면 모든 일을 제치고 달려갔었다. 그러나 회사의 업무가 어려워지자 전처럼 아이들에게 신경을 써주지 못하고 있다는 사실에 자책감은 더욱 커져만 갔다. 현재의 내 모습은 내가 그토록 그려왔던 이상적인 '엄마'의 모습이 아닌 것 같다는 불안함을 느꼈다. 그리고 그런 걱정은 내 머리와 마음속에서 떠나지 않았다. 그때 나는 새로운 사실을 깨달았다. 즉 사회 생활과 가정생활에서 균형을 이루는 소위 '슈퍼우먼'은 완벽한 환상에 불과하다는 사실을 말이다. 나의 현실은 한 마디로 지긋지긋했다.

　여성으로서 나는 집에서는 좋은 엄마와 아내가 되고, 회사에서는 탁월한 성과를 내는 유능한 관리자가 되려고 노력했다. 그렇지만 뭐 하나 제대로 하는 것 같지 않았다. 나는 고민을 말할 상대가 있었으면 좋겠다고 간절히 원했다. 직장과 가정의 수많은 일을 동시에 수행하는 것이 얼마나 힘든지 편견 없이 이해해줄 그런 사람 말이다. 물론 남편은 언제나 내 말을 잘 들어주고 도움을 주지만 그는 내 상황이 정확히 어떤지 100% 이해할 수 없었다. 내 휘하의 많은 팀원들과 그 사람들의 미래, 그와 관련된 소소한 일들을 남편에게 일일이 다 말할 수는 없는 노릇이 아닌가? 물론 마이클은 언제나 내 편이고 그것 자체만으로도 참 고마운 일이지만, 나는 이미 내 처지를 직접 경험하고 모든 문제를 해결해본 사람의 도움이 필요했다. 사회에서 성공하기 위해 내가 정말 제대로 된 자질을 갖추고 있는지 속 시원히 이야기해줄 수 있는 사람이 필요했던 것이다.

　그러나 직장을 그만두고 싶지는 않았다. 경쟁을 좋아하고 성취감을 사랑하는 성격 탓에 집에서 전업주부로 사는 것은 당초부터 내게 불가능한 일이었기 때문이다. 간단히 말해, 뾰족한 수단도 떠오르지 않으면서 짜증만 나는 꼴이었다. 그나마 긴장감을 풀기 위해서 점심시간에 참가하는 요가수업과 규칙적인 운동이 다소 위안이 되었다. 그러나 누가 알았겠는가. 요가를 하면서 스트레스를 떨쳐버릴 수 있었을 뿐만 아니라 미래의 내 멘토이자 친구가 될 멋진 사람도 만나게 된다는 것을 말이다!

꽤 큰 건축회사에서 고위급 관리자로 일하는 수잔 체임버스*Suzanne Chambers*는 우리 업계에서 뛰어난 리더로 너무나도 유명한 사람이었다. 수잔은 또한 남을 돕는 일에도 열정적이라 기금조성에 탁월한 능력을 가지고 있었고, 봉사활동에도 적극적인 사람이었다. 내가 살고 있는 도시에서 일어나는 모든 행사와 언론에서 미소 띤 수잔의 모습을 찾는 것은 어려운 일이 아니었다.

물론 그녀의 성공 역시 저절로 굴러온 것은 아니었다. 이혼 후 혼자서 아들을 어엿한 청년으로 키워낸 그녀는 현재 몸담고 있는 회사 사장실의 비서로 사회생활을 시작했다고 한다. 상사는 일찌감치 수잔의 잠재력을 알아보고 오늘날 고위급 관리자의 지위에까지 오를 수 있도록 이끌어주고 격려해주었다. 그 후 그녀는 분명하고 단호한 일처리를 통해 회사가 복잡한 합병과정을 성공적으로 완성할 수 있도록 중추적인 역할을 했고, 당시 신문에는 온통 수잔의 능력에 관한 찬사의 기사들로 가득했다. 또한 그녀의 선행에 대한 이야기도 빼놓을 수 없을 것이다. 바로 지난 달만 해도 자선단체와 어린이 병원에서 오랜 시간 자원봉사를 해왔다는 신문기사를 읽었을 정도였다. 수잔은 모든 사람들이 그 어떤 거부감 없이 감탄할 수 있는 그런 여성이었다.

수잔 역시 내가 다니던 요가교실에 참가하고 있었다. 요가 수업에 처음 들어갔을 때, 수잔은 내게 먼저 다가와 친근한 미소로 인사했다. 그녀의 이름을 듣자마자 이 사람이 바로 신문에서나 보던 바로 그 수잔이라는 것을 알게 되었다. 더욱 놀라운 것은 조금 전에 만난 사람인데도 아주 오래 전부터 알고 지낸 사람처럼 편안하게 대화를 할 수 있었다는 점이다. 수잔은 언론에 드러난 이미지 그대로 아주 솔직하고 사랑스러운 사람이었다. 누가 봐도 반짝반짝 빛이 나고 똑 소리 나는, 그야말로 성공적인 여성의 전형적인 모델이었다. 자신감이 넘쳐 보였지만 절대 거만하지 않았으며, 남성적이고 저돌적인 모습으로 과장하지 않고도 그녀 곁에 있으면 강인한 그 무엇이 느껴졌다. 회의실에서는 아주 날카롭고 무서운 경쟁자지만, 자신의 팀원들에게는 깊은 배려를 아끼지 않는 사람, 그게 바로 수잔이었다.

함께 요가수업을 듣는 동안, 나는 수잔이 다른 사람들과 관계를 맺어나가는 탁월한 능력에 큰 감명을 받았다. 말하자면 모든 사람과 편안하게 의사소통할 수 있는 재능을 타고 난 사람이었다. 자신의 지위와 명성으로 다른 사람 앞에서 으스댈 수 있었을 텐데도 오히려 남들을 편하게 해주려고 노력했다.

몇 주가 지나자 수잔과 대화할 수 있는 기회가 점점 많아졌다. 몸을 움직이면서 어느 정도 스트레스를 해결할 수 있었지만, 내가 갖고 있는 기본적인 리더십에 대한 근본적인 의문과 회의가 여전히 마음을 짓누르고 있었다. 우리 팀은 여전히 정신없이 휘둘리며 목표를 달성하지 못하고 있었고, 나뿐만 아니라 팀원 모두가 전전긍긍하며 심한 압박감을 받고 있었다.

나 자신의 리더십에 대한 의심과 회의는 쉽게 사라지지 않았다. 혹시 나는 혼자서 일은 잘하지만, 리더로서 팀을 관리하는 데는 소질이 없는 게 아닐까? 과연 내가 팀을 이끌 수 있을까? 만약 이 불경기가 몇 달 이상 지속된다면 우리의 성과는 어떻게 될까?

그러던 어느 날, 나는 이런저런 걱정에 잠도 못 자고 뜬눈으로 밤을 지새우다 요가수업에 참석했다. 수잔은 내 눈가에 내려앉은 피로를 이내 알아보았다. "테일러, 지난밤에 제대로 못 잤어요? 아주 피곤해 보여요."

그때 우리는 지나가며 날씨 이야기나 아이들 이야기를 주고받는 것 이상으로 대화를 나눌 수 있을 만큼 친분을 쌓은 때였다. 나는 구원받은 듯한 기분으로 내 걱정거리를 쏟아내기 시작했다.

"수잔, 어떻게 말을 꺼내야 할지 모르겠어요." 그러면서 나는 주섬주섬 말을 시작했다. "사실 요즘 아주 혼란스럽고 괴로워요. 지금 맡은 관리자 일이 너무 벅찬 걸까요? 예전처럼 일에 집중이 안 돼요. 내가 하는 일이라고는 늘 일, 일뿐인데 말예요. 집에 가면 또 아이들은 놀아주지 않는다고 불평하지만, 솔직히 퇴근해서 집에 돌아가면 완전 녹초가 돼서 쉬고 싶은 마음뿐이에요. 팀의 리더라는 사람이 이렇게 될 대로 되라는 식이면 안 되는데 말이죠. 현실은 정말 마음대로 안 되네요."

수잔은 내가 정신없이 쏟아내는 말을 묵묵히 들어주었다. 그리고 나를 보며 말했다. "오 세상에, 테일러! 내가 도울 일은 없나요? 사실 나도 당신 같은 처지를 겪어본 적이 있어서 잘 알아요. 직장에서나 집에서나 '슈퍼우먼'이 되는 건 쉽지 않죠. 내가 느끼기에 당신은 지금 '슈퍼우먼'이 못 돼서 괴로워하는 것 같아요."

어떻게 알았을까? 수잔은 내가 진짜 하고 싶었던 말을 해주었던 것이다. 하지만 나는 수잔처럼 이미 성공한 위치의 사람에게 내 속사정을 털어 놓는 것이 초라하게 느껴졌다.

"수잔, 내게 신경 써줘서 정말 고마워요. 그런데 당신은 정말 바쁜 사람이잖아요? 그래서 내 문제 때문에 당신의 귀중한 시간을 빼앗고 싶지는 않아요."

수잔은 활짝 웃으며 말했다. "관심이 없었다면 묻지도 않았을 거예요! 사실 나는 비즈니스를 통해서나 생활하면서 얻은 교훈을 다른 사람과 나누는 일이 너무나 즐거워요. 나는 지금까지 살아오면서 아주 힘들게 그런 교훈들을 얻었으니까요. 비록 나는 힘들었지만, 내가 어렵게 건너온 함정에 당신이 빠지지 않고 무사히 넘어가도록 도울 수 있다면 그것만으로 내겐 큰 기쁨이에요. 다른 사람들이 힘겨운 고비를 지나 성공하는 모습을 지켜보는 것이 내겐 아주 흥미진진한 일이랍니다."

"진심이세요? 물론 당신이 내게 도움을 준다면 저로서는 정말 고마울 따름이죠! 우리 이제 어떻게 해야 할까요?"

"음, 그럼 몇 가지 기본규칙부터 세우기로 하죠." 수잔이 말했다. 세상에, 저런 능력 있는 사람이 날 도와주겠다고 먼저 나서다니! 현실이라고는 믿기지 않을 정도로 감격스러웠다.

"당신과 나, 우리 모두 서로 시간을 투자해야만 할 거예요." 그녀는 대충의 계획을 말했다. "우리가 만나기 가장 좋은 시간은 월요일 아침인 것 같아요. 사실 나로서는 유일한 자유시간이기도 하고요. 그럼 매주 월요일 아침에 만나는 게 어때요, 테일러?"

"네, 좋아요! 먼데이 모닝 미팅이라, 한 주를 새롭게 시작하기 위한 최고의 선택일 거예요." 나는 기대에 가득 차 대답했다.

수잔이 제시한 기본규칙은 이랬다.

1. 출근하기 전 1시간 동안 이야기를 나눈다.

2. 약속장소는 커피전문점 스타벅스 *Starbucks*로 정한다. 두 사람의 집에서부터 중간 지점에 있기 때문이다.

3. 수잔이 원하는 결과를 얻을 수 있는 시간, 즉 총 8주의 시간을 투자한다.

4. 요가수업에서는 먼데이 모닝 미팅의 내용이나 그 결과에 대해서 이야기하지 않는다. 요가를 할 때는 긴장을 풀고 편안히 휴식하는 데만 집중한다!

5. 나, 테일러는 매주 수잔에게 배운 것을 즉시 행동으로 옮긴다. 나를 힘들게 하는 것이 무엇인지 알아내면 그 상황을 개선시키기 위해 노력한다.

6. 수잔이 나의 멘토가 되는 조건은 단 하나, 수잔에게서 배운 내용을 열린 마음으로 받아들이고, 이후에 다른 사람과 그 교훈을 다시 공유한다는 것이다. 8주간의 먼데이 모닝 미팅이 끝나면 나는 수잔에게서 배운 리더십 교훈을 다른 사람에게 가르쳐주고 그들 스스로 리더가 될 수 있도록 기꺼이 도와준다.

수잔이 제시한 규칙들은 아주 쉬워 보였다. 수잔이야말로 많은 여성들에게 선망의 대상이자 훌륭한 역할모델인데, 그런 수잔이 나의 멘토를 자청했다니 믿기지 않았다. 내가 당면한 문제를 해결하는 데 도움을 주기 위해 수잔이 기꺼이 내 멘토가 되어주다니! 근래 들어 가장 짜릿하고 흥분된 순간이었다. 당장 수잔의 이야기가 듣고 싶어 마치 아이처럼 설렜다.

"좋아요, 수잔. 나는 벌써 마음을 단단히 먹었으니 당신만 준비되면 돼요! 기꺼이 참가할게요." 나는 기대에 찬 목소리로 대답했다.

수잔 역시 앞으로 있을 '먼데이 모닝 프로젝트' 때문에 나만큼 즐거워 보였다. "그런 태도가 정말 좋아요, 테일러. 몇 년 전, 내가 너무나 어려운 시기였을 때 나도 누군가에게 큰 도움을 받았답니다. 그 사람도 먼저 나에게 다가와 내 손을 잡고는 좀더 훌륭한 비즈니스 우먼이 될 수 있도록 도와주었어요. 그뿐만 아니라 인격적으로도 더 나은 사람이 되게 해주었지요. 그 사람도 꼭 지금의 나처럼 내가 받은 은혜에 대한 보답으로 내가 배운 것을 다른 사람에게 전하라고 부탁했죠. 이제 내가 당신의 멘토가 되면, 당신도 후에 내게 배운 가르침을 다른 사람에게 전하면 돼요. 우리 모두를 행복하게 만드는 일이죠!" 수잔이 설명했다.

결과적으로 수잔과 함께 한 8주간의 '먼데이 모닝 프로젝트'는 직장에서의 경력은 물론 가정생활에도 중대한 전환점을 만들어주었다. 나와 수잔의 이야기를 읽어나갈 당신도 직장생활과 가정생활의 여정 속에서 부딪치게 될 어려움을 해결하는 데 유용한 정보를 얻을 수 있을 것이다.

수잔과 나의 약속을 기억하는가? 내가 배운 가르침을 다른 사람과 공유하고 더 많은 사람들에게 전달하겠노라고! 이제 그 약속을 실천하게 되어 정말 기쁘다!

리더란 무엇인가?
폭주하는 기관차에서 이끌어주는 리더로

가족들과 함께 느긋하고 즐거운 주말을 보내고, 드디어 첫 번째 먼데이 모닝 미팅을 맞았다. 사실 새벽에는 월요일이 너무 빨리 다가오는 듯한 기분에 그 전날 제대로 잠을 잘 수 없었다. 혹시 내가 이번 달에 회사에서 실수를 한 것은 아니었을까? 만약 수잔이 나더러 팀을 이끄는 리더로서의 능력이 부족하다고 한다면? 심지어 내가 성공을 하는 데 필요한 능력과 수단을 갖고 있기나 한 것인지 의문이 들었다. 그러나 한편은 수잔처럼 훌륭한 사람이 나를 도와주겠다고 나선 것이 얼마나 큰 행운인가 하는 생각을 했다.

"그래, 일단 부딪혀보는 거야." 나는 차를 주차시키면서 마음을 굳게 먹기로 다짐했다.

꽤나 이른 시간인데도 매장에는 월요일 아침을 커피 한 잔
으로 시작하려는 사람들로 북적거렸다. 갓 볶아낸 신선한 커
피향이 기분 좋게 코를 자극했다. 나는 이런 여유롭고 따스
한 분위기에 안심이 됐다. 잔잔하고 리듬감 있는 음악이 흐
르고, 커피와 함께 먹을 수 있는 갖가지 군것질 거리가 선반
위에 놓여 있었다. 커피와 관련된 것이라면 모두 갖춰놓으려
는 듯이, 커피 메이커와 머그컵, 텀블러, 그 외의 아기자기한
소품들도 눈에 띄었다. 이래서 이곳이 사람들에게 인기가 있
구나 하는 생각이 들었다.

나는 커피를 주문하고 기다리면서 카운터 주변 상품들을
둘러보았다. 그러다 조그만 인형을 본 순간 아이들 생각이
떠올라 그것을 사지 않을 수 없었다. 일하는 엄마로서 갖는
오래된 죄의식이 또 한 번 나를 자극한 것이다. 아직 아침 8
시도 안 된 이른 시각이었는데 엄마는 벌써 아이들을 떠나 바
깥에 있으니…. 값을 치르는 동안에조차 두 아들 메이슨과
조쉬와 함께 있어주지 못했다는 죄책감 때문에 인형을 샀다
는 사실을 깨달았다.

수잔은 벌써 매장 구석에 마련된 푹신한 소파에 앉아 있었
다. 얼마나 완벽한 광경인지! 북적거리는 매장 입구의 인파에

서 조금 떨어진 장소니 마음 편하게 이야기할 수 있으리라.

수잔은 나를 발견하고는 반갑게 손을 흔들었다. "여기에요!" 그녀가 소리쳤다. "커피 시켜서 얼른 이리 와요."

편안한 갈색 소파에 앉으면서 나는 수첩을 꺼내 새로운 면을 펼치고 펜을 집어 들었다. 이제 마음의 준비가 되었으니 수잔이 해주는 이야기는 하나도 빼놓지 않고 적으리라 다짐했다. 수잔의 따뜻한 미소가 나를 편안하게 해주었다.

"벌써부터 적극적으로 나오는 모습을 보니 정말 좋은데요." 수잔이 내 수첩과 펜을 가리키며 말했다. "사실 회의나 대화 중에 나오는 내용을 모두 기억하기란 참 쉽지 않죠. 적어도 나는 그렇더라고요. 수첩을 꺼내서 뭔가 적을 수 있는 공간에 있다니 너무 멋지죠, 테일러?" 수잔 역시 가방에서 수첩을 꺼내면서 덧붙였다. "자 그럼 오늘 아침 첫 수업에는 무엇에 대해 이야기해볼까요?"

"수잔," 나는 마치 기다렸다는 듯이 말을 꺼냈다. "훌륭한 리더가 되는 데 무슨 비결이라도 있나요? 무슨 비밀공식 같은 거 말예요. 성공한 리더들은 도대체 어떤 방식으로 일을 하죠? 너무 일반적인 질문이란 거 잘 알아요. 하지만 리더십이 나를 이렇게 힘들게 할 정도로 어렵고 막막한 것은 아닐 거란 생각이 들거든요. 매일 아침 눈을 뜨자마자 관리자로서 좀더 효과적으로 일하려면 과연 어떤 것을 다르게 실행해야 할까 끊임없이 생각해요. 제 질문이 제대로 된 건가요? 아니면 아직 헤매고 있는 건가요?"

"아주 단도직입적인 질문이군요." 수잔은 흥미롭다는 표정을 지었다. "일단 커피 한 모금 마셔요." 수잔은 미소를 잃지 않으면서 잘 정돈된 자신의 손톱을 바라보았다. 내게 해줄 대답을 생각하고 있는 것이었다.

"테일러, 내가 보기에 당신은 당신의 문제를 너무 어렵게 받아들이고 있는 거 같아요." 수잔이 나를 똑바로 응시하면서 말했다. "훌륭한 리더가 되는 비결의 대부분은 누구나 생각할 수 있는 아주 상식적인 것이에요. 그런데도 훌륭한 리더가 되기는 쉽지 않죠. '만약 상식이란 것이 그렇게 보편적이고 간단한 거라면, 왜 그렇게 많은 사람들이 상식적이지 않겠는가?' 라는 말도 있잖아요? 성공적인 리더에 관한 비밀 공식이 무엇이냐는 질문에 대답하자면, '그런 것이 있다 해도 나는 아직 발견하지 못했다'고 대답하죠. 또 일을 처리하는 특정한 방식이 있느냐고 묻는다면, 그저 내가 사용하는 방식이나 내가 존경하는 다른 리더들이 일하는 방식 정도만 알려줄 수 있어요."

"좋아요. 잘 새겨서 듣죠." 내가 말했다.

"그럼 먼저 리더십이란 무엇인지부터 살펴보도록 해요. 사실 그렇게 거창한 것이 아니랍니다. 리더십이란 다른 사람이 기꺼이 당신을 따르도록 만드는 거죠. 만약 당신을 따르는 사람이 아무도 없다면, 당신은 그 누구의 리더도 아니에요. 그래서 리더십이란 다른 사람들과 함께 일하면서 서로 관계를 맺는 일이라고 생각해요.

리더십은 나나 다른 누군가가 당신에게 선물할 수 있는 게 아닙니다. 돈으로도 절대 살 수 없고요. 또 당신이 단지 관리자라는 이유로 아랫사람들이 당신에게 리더십을 부여해주는 것도 아닙니다. 그런 기대는 애당초 하지 말아요. 리더십은 리더가 직접 거머쥐는 겁니다. 그래서 리더십을 얻는 데는 길든 짧든 시간이 필요해요."

수잔은 이렇게 말하고 의자 깊숙이 몸을 기댔다. 잠시 후 그녀의 말이 계속 이어졌다.

"내가 정말 존경하는 리더들이 있는데, 그들을 보면서 배운 것이 있어요. 훌륭한 리더는 스스로 긍정적인 변화를 만들어내고 사람들을 그 새로운 방향으로 나아가도록 만든다는 거예요. 당신도 단 1분만 생각해보세요. 관리자가 된 이후로 팀원들에게 영향을 끼쳐서 새로운 방향으로 이끌었던 일을 떠올릴 수 있을 거예요. 그때 사람들을 선동하는 것이 편안하고 쉬웠나요? 아니면 아무도 따라주지 않아 속상했나요?" 수잔이 미소 지으며 물었다.

"사실, 스스로는 다른 사람들을 이끄는 데 아주 능숙하다고 생각해요. 하지만 당신 말이 맞아요. 어떤 일에는 아무리 노력해도 무력하다고 느꼈죠." 나는 예전 일을 떠올리며 대답했다. "제가 관리자로 승진한 첫 주에 맡은 일은 고객 만족도를 조사하는 일이었어요. 상부에서는 이 프로젝트를 2달 안에 완벽하게 끝내라더군요. 그런데 문제는 팀원들이 이 일을 제대로 신경 쓰지 않는 거예요. 왜냐면 각자의 기본업무를 하는 데만도 충분히 바빴기 때문이었죠. 이 일은 업무 외의 일이라고 생각하는 듯 했어요. 그래서 나는 팀 전체를 몇몇 팀으로 나눠서 고객 만족도 조사에 대한 아이디어를 내도록 경쟁을 붙였답니다. 물론 우수한 아이디어를 낸 팀에게는 작은 보상도 주었죠."

"경쟁이요? 좋은 아이디어인데요?"

"고마워요 수잔. 어찌 보면 사소한 보상이었는데도 일단 경쟁이 붙으니까 업무진행에 속도가 붙더군요. 사람들이 얼마나 이기는 것을 좋아하는지 알 수 있었던 흥미로운 경험이었답니다. 그 결과 마감시한보다 더 빨리 프로젝트를 마칠수 있었죠. 제가 생각하기에 그런 것이 관리자로서 영향을 끼치는 거라고 생각하는데, 그렇지 않나요?"

수잔이 말했다. "맞아요. 그리고 테일러 당신은 당신의 직위를 이용하지 않고 리더십이 무엇인지 보여주었어요. 어떤 사람은 리더십이란 직위가 높아지면 저절로 따라오는 것이라고 잘못 생각하기도 하죠. 이런 말도 있잖아요? '자리가 리더를 만드는 것이 아니라, 리더가 자리를 만든다.' 높은 직위가 자동적으로 그 사람을 훌륭한 리더로 만드는 것은 전혀 아니죠."

수잔의 말에는 더 이상 설명을 붙일 것이 없었다. 모든 것이 딱 맞는 말이니까! 수잔의 얼굴에는 어느새 미소 대신 진지한 결의가 자리 잡고 있었다.

"또 하나 리더십에 대해 오해하는 것이 있어요. 사람들은 머리가 좋고 똑똑하면 그 사람의 리더십도 뛰어날 거라고 생각하는데, 전혀 그렇지 않답니다. 아주 똑똑하고 명석하지만 리더로서의 자질이 부족한 사람들을 보세요. 리더십이란 IQ에서 나오는 게 아니죠. 대부분의 기업가들은 훌륭한 리더라고 생각할 수 있겠지만, 다시 한 번 말하건대 항상 그런 것은 아닙니다. 내 주변에서 이런 일이 있었거든요."

"그래요?"

"고등학교 동창 중 박사학위를 받고 성공적인 작가가 된 친구가 있어요. 그녀가 쓴 책이 대중적으로 인기를 얻자, 경영 컨설턴트 기업을 세웠어요. 처음에는 모든 것이 잘 돌아갔어요. 사람들이 그녀의 책을 사서 볼 동안은 말이죠. 하지만 조직의 대표가 된 그녀는 자신의 직위를 이용해 사람들을 부리려고만 했지, 사장으로서 영향력을 발휘하지는 못했어요. 사실 직원들은 그녀를 두려워했고, 사장이 시키는 대로 하긴 했지만 그것뿐이었죠. 시간이 지나자 유능한 사람들은 하나둘 회사를 떠나기 시작했어요. 그녀는 직원들이 진심 어린 충성심을 가지도록 노력한 적도 없었고, 업무에 대한 열정을 가지도록 만들지도 못했답니다. 결국, 창업가니 CEO니 하는 직함이나 명석한 두뇌는 훌륭한 리더가 되는 데 별 소용이 없었던 거죠. 애석하게도 그녀의 회사는 점차 기울기 시작했고, 직원들은 모두 제 발로 떠나거나 해고되었답니다. 지금 그녀는 맨 처음 출발했던 지점에 돌아와 있어요."

"그거 안됐군요." 내가 말했다. "능력 있는 사람인데 회사가 삐걱거리는 조짐을 진작에 알아차리지 못했는지 궁금하네요."

"다른 사람의 머릿속을 훤히 들여다 볼 수 있다면 오늘 이 자리에도 나와 있지 않겠죠?" 수잔이 살짝 웃었다. "일단 훌륭한 리더의 자질이 무엇인지 이해하기 위해서는, 리더십이란 어디서부터 시작되는지 살펴볼 필요가 있어요. 절대 타고난 리더란 없습니다. 리더십이란 학습되고 계발되는 것이죠. 그것은 우리가 한 개인으로서 누구와 함께 어린 시절을 보냈는가에 따라 달라요. 그렇다고 정신과 의사처럼 유년시절의 심리분석을 시작하겠다는 건 아니니까 겁먹지 말아요."

우리는 둘 다 유쾌하게 웃었다. 수잔은 계속해서 자신의 의견을 설명하였다.

"리더십은 한 사람의 가치관과 성격을 형성하는 데 영향을 미친 사람들과의 여러 가지 경험을 통해서 무엇을 어떻게 배웠느냐에 따라 달라지는 것이죠. 그러니까 어려서부터 받은 영향력이 우리의 가치관과 행동에 적용되어 리더십이 형성된답니다."

그런 다음, 수잔은 내게 물었다. "테일러, 옛일을 한번 더 들어봐요. 자라면서 당신에게 특별한 영향을 주고 오늘날의 당신을 있게 한 사람들과 경험들을 기억할 수 있나요?"

"음, 우선 커피 좀 마시구요." 이번에는 내가 대답을 찾기 위해 생각하는 차례가 되었다.

"제일 먼저 떠오르는 사람은 바로 아버지에요." 나는 대답했다. "아버지야말로 내 인생에 가장 큰 영향을 미친 분이시죠. 늘 이렇게 말씀하셨어요. '말하기 전에 깊이 생각해라.' 사실 저는 어렸을 때 늘 재잘대는 아이였거든요. 아무 생각 없이 말을 내뱉어 여동생을 상처주기도 했고, 고의는 아니었지만 다른 사람에게 무례한 말을 한 적도 있고요. 그러고 보면 지금은 아버지가 해주셨던 충고를 항상 실천하고 있는 거 같아요. 제 아이들에게도 항상 똑같은 말을 하고 있고요. 어렸을 적에 내 아버지에게 들었던 충고를 내가 지금 아이들에게 똑같이 하고 있다니, 재밌지 않아요?"

"좋은 지적이에요, 테일러. 잠깐 설명할 것이 생각났어요." 그러더니 수잔은 수첩에서 종이 한 장을 찢어 이런 그림을 그렸다.

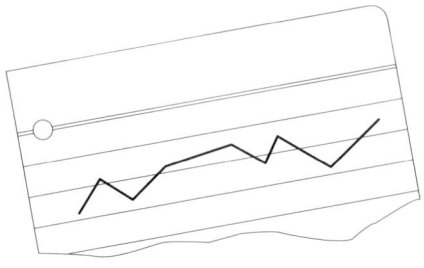

　"누구나 살다보면 이렇게 오르막과 내리막을 겪게 되죠." 수잔은 아래위로 꺾은선을 그리면서 설명을 했다. "하루가 다른 비즈니스 세계에서 리더들이 보여주는 그들의 가치와 개성은 바로 이런 인생의 오르막과 내리막, 그리고 그 속에서 만난 사람들을 통해서 형성되는 겁니다. 물론 긍정적인 것도 부정적인 것도 있겠지요. 중요한 것은, 당신의 가치와 개성을 만들어가는 데 영향을 준 사람과 경험을 생각해보고 그때 무엇을 배웠는지 되짚어봐야 한다는 거예요.

　이제 당신이 해야 할 일은 과거에 당신에게 영향을 주었던 사람들과 경험을 반추해보고 그때 깨우치게 된 리더십에 관한 교훈을 인식하는 겁니다. 방금 이야기했듯이, 당신은 아버지를 통해 '말하기 전에 한 번 더 생각해보아야 한다'는 것을 배웠지요. 그런 덕목들이야말로 리더십의 특징이랍니다. 즉 누구의 말이라도 진지하게 들어주어야 한다는 뜻이거든요. 당신 말을 들으니 우리 할머니께서 항상 하시던 말씀이 생각나네요. '사람에게 두 개의 귀와 한 개의 입이 있는 것은 다 이유가 있다.' 당신도 그렇게 생각하세요?" 수잔은 이렇게 이야기하고 미소를 지었다.

"그럼 이번 주는 이렇게 해요. 오늘 우리가 한 이야기에 대해서 더 생각해보도록 하죠. 우리가 나눈 이야기는 테일러 당신이 관리자로서 만나게 될 숱한 문제에 가장 기본적인 지침이 되는 훌륭한 주제일 거예요. 이번 주는 당신에게 리더의 자질을 형성시켜준 사람과 경험에 대해서 찾아봐요. 당신이 갖고 있는 긍정적인 리더십의 특징이 어디에서 발전되었는지 알게 될 겁니다. 생각해내면 할수록 당신 스스로 무척 놀랄 거예요. 장담하죠."

그리고 또다시 수잔은 이런 그림을 그렸다. 수잔이 그림을 그리는 동안, 나는 지금까지 수잔이 개인적으로 어떤 오르막과 내리막을 겪었는지, 그리고 그 과정에서 어떤 교훈을 얻어서 오늘날의 리더십 스타일을 만들어냈는지 궁금해졌다.

"당신은 어때요, 수잔? 당신이 과거에 겪은 경험을 바탕으로 지금 실천하고 있는 것이 있나요? 괜찮다면 예를 들어 주세요."

"물론이죠, 테일러. 내가 말했듯이 리더십은 획득하는 것이니까요. 이 그림에서 바닥으로 곤두박질치는 부분을 보세요." 수잔은 한 부분을 가리켰다. "지금까지 나는 새로 막 승진한 관리자들, 특히 여성 관리자들을 많이 봐왔어요. 내 생각에 여성 관리자들은 자신의 능력을 인정받으려고 너무나 조급하게 서두르는 경향이 있어요. 자신이 승진될 만한 값어치가 있다는 것을 보여주려고 과도하게 밀어붙이는 경우도 있고요. 처음부터 끝까지 모든 것을 완벽하게 하려고 노력하죠.

내 개인적인 이야기를 하자면, 맨 처음 직장에서의 일이었어요. 그 상사에게서 아주 많은 가르침을 받았죠. 당시 나는 내 일에 너무나도 열정적이었기 때문에 정말 사소한 부분에까지 지나치게 에너지를 쏟아 부었죠. 모든 사람들이 나를 보고 긴장했을 거예요. 그때 나는 '앞으로! 앞으로!' 만 외쳤고, 다른 사람들도 명령을 듣는 즉시 재빨리 소매를 걷어 올리고 후다닥 일을 해치우길 바라는 사람이었어요. 모든 사람이 나 같았으면 좋겠다고 생각할 정도였다니까요.

그래서 나와 같은 열정을 보여주지 않는 직원들에게는 조금의 양보도 없이 가혹하게 대했답니다. 또 매사에 얼마나 급했던지 의사결정을 내릴 때도 다른 팀원들의 의견을 묻지 않고 혼자서 신속하게 처리했어요. 사실 우리가 아는 대부분의 관리자들이 이렇게 자기 주도적으로 행동하잖아요?" 수잔은 잠시 생각에 잠겼다.

"그러던 어느 날 상사가 나에게 아주 귀중한 조언을 해주더군요. 나는 지금까지도 그 조언을 마음에 새기면서 실천하려고 노력해요. 그가 말하길, '수잔, 앞으로 모든 세세한 부분까지 다 챙겨가며 일을 할 것이 아니라면, 진짜 중요한 부분에만 에너지를 투자하여 효율적으로 일하는 법을 터득하세요. 당신이 요즘 일하는 모습을 보면 다른 것은 모두 다 무시하고 정신없이 폭주하는 증기 기관차 같아요. 팀원들의 의견은 전혀 반영하지 않는다고 사람들이 불평하는 것을 듣지 못했나요? 당신은 너무 강하게만 나가고 있어요. 당신의 생각을 다른 사람에게 무조건 강요할 수는 없어요. 대신 직원들을 스스로 생각하게 만들어 당신에게 아이디어를 제시하게 만들어야죠. 그리고 당신은 언제나 그들의 의견을 경청해야 합니다.' 나는 아직도 그때 얻은 교훈을 잊을 수가 없어요. 그래서 지금도 다른 사람들의 의견을 항상 열린 마음으로 들으려고 열심히 노력하죠. 그 후로 다른 직원이 새로운 아이디어를 가지고 나를 찾아올 때면 굉장히 기뻤고, 실제로 그들의 아이디어가 회사 전체를 흥분시킬 정도로 탁월했던 적도 있었고요. 쉽게 설명하자면, '들어오는 것'이 없으면 '내보낼 수 있는 것'도 없는 거죠."

그러더니 수잔은 종이 한 장을 주고 오늘의 대화에서 얻은 교훈을 적도록 했다.

나의 리더십을 발견하게 된 계기와 그때 배운 교훈들

1. _____

2. _____

3. _____

4. _____

5. _____

6. _____

7. _____

나는 수잔이 건네준 종이를 받아 수첩에 '해야 할 일' 폴더에 꽂아두었다. 그리고 너무나 유익했던 첫 번째 먼데이 모닝 미팅에 대해 고맙다는 말을 하고 자리에서 일어났다. 수잔은 선글라스를 쓰고 미소를 지으며 말했다. "그 종이에 리더십에 관한 당신의 이야기가 가득 채워지길 기대할게요. 그럼 우리 또 다음 주 월요일에 만나요, 테일러! 좋은 한 주 보내요!"

그리고 사무실에 도착하자마자, 수잔에게서 이메일 한 통을 받았다.

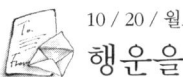 10 / 20 / 월요일
행운을 빌어요!

테일러에게

이번 주에 당신은 당신이 갖고 있는 리더십의 특징이 무엇인지, 그것이 어떻게 형성되었는지를 살펴보게 될 거예요. 당신의 리더십에 대해 진지하게 생각해볼 수 있는 절호의 기회인 거죠. '나의 리더십은 어떻게 정의할 수 있는가'를 생각하는 것이 바로 당신이 관리자가 된 이유라고 할 수 있어요. 리더십은 직위가 높다고 해결되는 문제가 아니라, 존경과 신임을 얻는 것이 중요합니다. 그리고 천천히 시간과 정성을 들여야 얻을 수 있는 것이죠. 그러니 인내하세요. 다음 주 월요일에 만나 어떻게 한 주를 보냈는지 듣고 싶어요.

당신의 지지자, 수잔.

나는 수잔이 나의 멘토로서 이렇게까지 진지하게 배려해 준다는 것을 알고는 가슴이 뭉클해졌다. 그녀에게서 배우고 싶은 것들이 얼마나 많은지! 앞으로 수잔과 함께 할 먼데이 모닝 미팅에 대한 기대감으로 에너지가 솟아나고 있었다. 인내하자, 테일러. 나는 스스로에게 다짐했다!

리더란 무엇인가?

폭주하는 기관차에서 이끌어주는 리더로

1. 리더십은 시간을 들여 노력해서 얻는 것이다.
2. 다른 사람들이 기꺼이 당신을 따르도록 만들 줄 알아야 진정한 리더다.
3. 리더십의 여러 특징들은 그 사람의 과거 경험을 통해서 얻어지는 것이다.

시간관리의 묘미
돌멩이와 조약돌, 모래, 물

다시 월요일 아침이 되었다. 알람을 위해 맞춰놓은 라디오에서는 내가 좋아하는 재즈음악이 흘러나오고 있었다. 몽롱한 상태로 반쯤 눈을 뜨고 몸을 일으켰다. 침대 가장자리에 앉아 기분 좋은 음악에 맞춰 이리저리 다리를 흔들고는 이내 두 다리를 바닥에 딛었다. 새로운 한 주가 시작된 것이다.

우리 집의 아침 풍경은 이렇다. 내가 아이들을 위해 아침을 준비하는 동안 남편은 아이들에게 옷을 입히고 학교 갈 준비를 시킨다. 이제 초등학교 3학년이 된 첫째 아이 조쉬는 호기심이 넘치다 못해 궁금한 것은 절대 못 참는 똑똑한 아이고, 1학년이 된 둘째 메이슨은 활동적이고 너무나 사랑스러운 아이다. 아이들이 가장 좋아하는 프렌치 토스트를 만들면서 두 아이 모두 예전의 내 모습과 꼭 닮았다는 생각이 들어 빙그레 미소를 지었다.

아침식사가 끝나고 남편은 아이들을 학교에 데려다주기 위해 차에 태웠다. 나는 아이들에게 뽀뽀를 퍼붓고 수잔과의 두 번째 먼데이 모닝 미팅을 위해 집을 나섰다.

지난주에는 여러 가지 일들이 있은 덕분에 수잔과 나눌 이야깃거리가 아주 많은 아침이 될 것이다. 스타벅스 주차창에 차를 세우면서, 가게 유리창 너머로 커피를 주문하기 위해 줄을 서 있는 수잔의 모습이 보였다. 카운터 쪽으로 걸어가자, 수잔이 나를 발견하고 가볍게 인사했다. "왔군요, 테일러! 지난주는 어땠어요? 당신의 리더십 탐험은 어땠나요? 좋은 걸 발견했어요?"

우리는 계산을 하고 각자 커피와 빵을 들고는 우리를 위해 비어 있는 듯한 소파에 자리를 잡았다.

"물론이죠!" 나는 수잔에게 내가 적은 것들을 보여주었다. "주변의 어떤 사람과 경험에 영향을 받아 내 행동이 형성되었는지 살펴보라던 수잔의 충고, 정말 효과가 있었어요."

나의 리더십 탐험기는 다음과 같았다.

나의 리더십을 발견하게 된 계기와
그때 배운 교훈들

1. 초등학교 6학년 학예회에서 연극감독을 맡은 경험.

   여러 사람들 앞에 서는 것을 전혀 두려워하지 않았고, 오히려 남들의 관심을 받는 것을 아주 좋아한다는 것을 알게 되었다.

2. 여러 번의 이사.

   여러 번 이사를 다니면서 예전의 친구들만이 나의 진정한 친구는 아니라는 것을 배웠다. 다행히 별로 어렵지 않게 새로운 친구들을 사귈 수 있었다.

3. 학급반장.

   처음으로 대표라는 직책을 맡아 리더십을 발휘하게 되었다. 이 경험을 통해 다른 사람들과 함께 일하면서 어떻게 영향력을 행사하는가에 대해서 배우게 되었다. 우리 반 친구들은 서로 너무나 잘 어울렸기 때문에 아주 즐겁게 지낼 수 있었다. 반 친구들에게 모든 것을 일방적으로 지시할 수는 없었으므로 팀워크와 협동의 중요성을 배울 수 있었다.

4. 학자금 대출을 받고 대학을 가서 날개를 달다.

이때 가장 중요한 교훈을 얻었다. 나는 좁은 시야에서 벗어나 넓게 세상을 보고 싶었기에 꼭 대학을 가고 싶었지만 형편상 스스로 학자금을 마련해야 했다. 그렇다고 대학을 포기하는 것은 상상도 할 수 없었다. 나는 한 번 마음먹으면 굳게 밀고나가는 성격이었으므로 돈을 벌 수 있는 방법을 모색했다. 다행히 학자금 대출을 받고 학교 신문사에서 아르바이트를 해 대학을 끝까지 마칠 수 있었다.

5. 첫번째 직장에서 잊을 수 없는 상사를 만나다.

첫번째 직장에서 만난 상사 마테야*Mateja* 씨. 그는 내가 사회생활을 멋지게 출발하도록 많은 도움을 주었다. 내가 날개를 활짝 펴고 능력을 마음껏 발휘할 수 있도록 도와주었다. 업무를 수행하면서 조금씩 발전할수록 나에게 격려와 지지를 아끼지 않았다. 나는 그에게서 위험을 감수하는 법을 배웠고, 여러 가지 다양한 아이디어를 떠올리고 실행하는 법을 배웠다.

6. 마이클을 만나 결혼하다.

결혼을 하면서 너무나 바빠졌다! '문어발식 일하기', 즉 멀티태스킹*Multi-tasking*의 묘미를 깨닫게 되었다. 아이들이 태어나자 내가 원하는 대로 모든 것이 풀리지는 않았지만, 나의 완벽주의가 언제나 좋은 것만은 아니라는 것을 배웠다.

7. 관리자로 첫 승진.
   내가 요즘 절실히 깨닫고 있는 것은, 비록 과거에 내 능력을 인정받아 승진을 하게 되었지만 영향력 있는 훌륭한 리더가 되기 위해서는 새로운 기술과 이론을 익혀야 한다는 점이다.

수잔은 커피를 마시며 내가 쓴 것들을 꼼꼼히 읽어나갔다. 나는 내가 경험한 리더십의 대부분은 가족 이외의 사람과 사건들을 통해서 얻어진 것이라고 덧붙여 말했다. 왜냐면 내가 어렸을 때 부모님께서 이혼을 하셨기 때문이다. 그래서 어릴 때부터 독립적인 아이로 자랐고, 확실히 내 또래 아이들보다 더 빨리 책임감에 대해서 배웠다.
나는 어머니와 함께 생활했고, 다행히 어머니께서는 좋은 분을 만나 재혼을 하셨다. 부모님은 함께 소매점을 운영하셨는데 좀처럼 가게를 비울 수 없었던 터라, 나의 학교활동에는 거의 참여하지 못하셨다. 물론 어머니는 내게 헤아릴 수 없을 만큼의 사랑과 용기를 주셨다. 그러나 내가 비로소 자신감을 갖게 된 것은 반장을 맡아 여러 가지 특별 활동을 하면서부터였다. 친구들 사이에서 인기를 얻고 인정도 받자, 그

때부터 경쟁에서 앞서 나가는 법을 익히게 되었다.

나는 수잔에게 내 인생의 최고였던 때와 반대로 최악이었던 때를 이야기하고, 그 굴곡들이 내게 어떤 영향을 미쳤는지 설명해주었다. 사실 여태까지 리더십이라는 관점에서 나의 경험과 깨달음을 되짚어본 적은 없었지만, 이제는 과거의 사건들이 내가 리더가 되는 데 어떤 영향을 미치는지 알 것 같았다. 내가 경험한 교훈들과 리더십을 연관시켜서 보는 일은 흥미진진했다. 그리고 분명한 사실은 더 많은 것을 배울 준비가 되어 있다는 것이다.

수잔은 내 이야기에 흡족해 했다. "잘했어요, 테일러. 자신이 이제껏 어떻게 자라왔는지 무엇을 배웠는지 되돌아보는 일도 재미있죠? 당신은 분명 실패를 모르는 아주 강인한 사람인 것 같아요." 수잔은 미소를 지었다. "자, 그럼 오늘은 무엇이 궁금한가요?"

사실 지난주는 우리 팀에게 거의 죽음의 주나 다름없었다. 중요한 문제를 처리하느라 너무나 힘겨웠기 때문이다. 팀 내의 경쟁적 분위기 때문에 점심시간은 매번 늦어졌고 그 때문에 더욱더 힘들었다. 그러고 보니, 우리 팀은 단 몇 분의 쉴 틈도 없이 항상 쫓기듯 일하고 있다는 생각이 들었다. 사실 우리가 일하는 방식은 '언제나 빨리 빨리'가 아니었던가? 다른 방법을 찾아본 적이 없었으니…. 때론 우리가 앞으로 발전하는 게 아니라 늘 같은 자리에서 정신없이 쳇바퀴만 돌리고 있지 않은가 하는 생각이 들 때도 있다.

　이렇게 쉬지 않고 일하는 데는 한계가 있을 것이다. 요즘 우리 팀을 보면 마치 팽팽히 당겨진 고무줄 같은 상태라서 조금만 충격을 줘도 탁! 하고 끊어질 것 같이 불안하다. 정말 그런 일이 일어나면 어떻게 해야 할까? 수잔이 몇 가지 충고를 해줄 수 있으리라. 이번 달 들어 우리는 매일 야근을 한데다 자정을 넘어서까지 일을 한 적도 있었고, 우리 팀에 할당된 예산도 거의 바닥날 지경이다. 나는 팀의 리더로서 무식하게 열심히 일하는 방법이 아닌, 지금보다 더 영리하게 일할 수 있는 방법이 필요했다.

　"우리 팀은 정말 열심히 일하고 있어요." 나는 설명했다. "그렇다고 해서 모든 문제가 처리되지는 않더군요. 더 많은 시간을 쏟아 붓고 있지만, 막상 성과는 갈수록 실망스러워요. 우리 모두가 탈진해버리기 전에, 가족들이 실망하고 외면해버리기 전에 지금보다 더 효율적으로 일하는 방법을 찾아야만 해요. 야근을 밥 먹듯이 하는데도 해치워야 할 일은 산더미에요. 정말 내게 방법만 있다면 팀원들에게 쉴 수 있는 시간을 주고 싶어요." 나의 절망감이 드러나는 순간이었다. 내 말이 끝나자, 수잔은 커피잔을 내려놓고 과거의 일을 회상하듯 내가 적은 종이를 한참 쳐다보았다.

"어렸을 때 오빠들과 함께 했던 게임이 생각나네요. 우리는 놀이터 같은 곳에서 땅을 파고 모래로 장난하는 것을 아주 좋아했죠. 엄마는 여자애가 그렇게 지저분한 곳에서 놀아서는 안 된다며 늘 잔소리를 하셨어요." 수잔의 입가에 잔잔한 미소가 번지고 있었다. 어린 시절의 특별한 기억을 더듬는 사람의 모습이었다.

"짐작이 가요. 우리 애들도 남편이 뒷마당에 갖다놓은 커다란 모래상자에서 몇 시간이고 놀곤 하거든요. 플라스틱 장난감과 트럭도 갖다 놓았는데 아이들이 너무 좋아해요. 옷이 좀 지저분해진다고 해도 큰일이겠어요? 애들은 역시 애들인데요." 나는 또한 수잔이 모래상자 이야기를 통해 무슨 이야기를 꺼낼지 궁금해졌다.

수잔은 말을 이어나갔다. "이렇게 생각해봐요, 테일러. 아이들이 마당에서 커다란 돌멩이를 가져와 비어 있는 양동이에 채우고 있어요. 일단 가능한 한 큰 돌멩이들을 넣어서 양동이를 가득 채우는 거예요. 그런 후, 그보다 작은 자갈들을 넣어서 흔들면 어떻게 될까요? 큰 돌멩이들 사이의 빈 공간이 있을 테니 비록 양동이가 가득 차 있어도 의외로 많은 양이 들어갈 거예요.

자, 이제는 모래를 부어요. 큰 돌멩이와 자갈 사이에 모래가 들어차겠죠? 양동이는 점점 무거워져 가겠지만 여기서 끝낼 수는 없죠. 양동이 끝까지 가득 차도록 모래를 계속 붓고, 마지막으로 물을 부어요. 꽤나 많은 양의 물이 모래 사이를 채울 거예요." 수잔은 잠시 숨을 골랐다.

"자, 보세요. 이 이야기에는 당신이 어떻게 시간을 관리해야 하는지 귀중한 교훈이 담겨 있어요. 지쳐 나가떨어지지 않으려면 이 이야기를 곰곰이 생각해봐요. 여기서 예를 든 양동이는 당신의 하루예요. 거기에 당신은 모든 활동과 처리해야 할 업무를 담죠. 우리는 매일같이 양동이에 넣어야 할 커다란 돌멩이들을 가지고 있어요. 말하자면 무슨 일이 있어도 해결해야 할 1순위의 일이라고 할까요. 일단 당신은 그날 제일 중요한 일이 무엇인지를 확실히 정해야 해요. 당신이 처리해야 할 업무, 월급을 받는 사람으로서 완수해야 할 책임량, 회사가 중요과업으로 생각하고 있는 일들 말이에요. 이런 일들을 얼마나 책임감 있게 달성했느냐에 따라서 당신의 능력에 대한 평가가 달라지죠. 중요한 일이니 그만큼 시간을 투자해야 해요." 나는 정신이 번쩍 들었다.

"이제 자갈 차례에요. 자갈은 당신이 좋아하는 일들입니다. 당신은 사람들과 만나는 것을 좋아하니, 아마 팀원들과 대화를 하거나 고객과 전화상담을 하는 시간이 여기에 해당될 거예요. 반대로 모래는 업무상 해야 할 자잘한 일들을 말해요. 보고서를 작성한다든가 고객의 불편사항을 해결하는 일 등이 있겠죠? 그리고 마지막으로 물은 어느 곳에나 널려 있는 사소한 일들이죠."

내가 반드시 처리해야 할 업무? 자잘한 일들? 나는 수잔의 비유에 홀딱 반해버렸다!

"그렇다고 어떤 것은 좋고 어떤 것은 나쁘다는 의미는 아니에요." 수잔은 계속 말을 이어 나갔다. "중대한 프로젝트에서부터 한숨 돌릴 수 있는 휴식시간까지, 우리는 다양한 종류의 시간이 필요해요. 그렇기 때문에 우리는 늘 새로운 일을 추진할 수 있는 에너지를 얻는 거죠. 관건은 바로 '균형'이에요. 어떤 일을 돌멩이처럼 취급해야 하는지, 어떤 일은 모래에 불과한지 제대로 정의 내리고 실행하는 것, 그것이 바로 '균형'을 잡는 거죠."

나는 수잔의 비유가 마음에 들었다. 얼마나 분명하고 간단한가! 나는 기운차게 대답했다. "좋아요! 무슨 말인지 완전히 알아들었어요. 내게 주어진 하루의 시간을 관리하기 위해 돌멩이와 모래를 구분하는 일 외에 다른 특별한 방법은 없을까요? 이것 하나는 분명한 것 같아요. 남들과 비슷한 방법만 고집해서는 비슷한 결과밖에 얻지 못한다는 것을요. 수잔, 당신의 방법으로 내 하루가 통제 가능해진다면, 당신을 내 마법사로 모시겠어요! 난 정말 너무 지쳐서 아무런 방법도 떠오르지 않아요."

그러자 나의 멘토는 다시 진지한 표정을 지었다. "사실 내가 말한 시간관리의 방법이 실천하기에 손쉬운 것은 아닐 겁니다, 테일러. 그러나 그건 깜짝 마술도 아니에요. 다만 이렇게 일들을 분류하기 시작하면 당신의 하루가 어떤 일들로 채워지는지 좀더 선명하게 알 수 있을 거예요. 그리고 그 시간을 어떻게 재분배해야 할 것인지도 윤곽이 드러나죠. 사실 24시간이라는 하루 동안 해야 할 일들이 얼마나 많아요? 불행히도, 이렇게 정신없이 바쁜 현실이 순식간에 해소되지는 않을 거예요. 물론 현명한 시간관리를 통해 조금씩 여유를 찾아 갈 수는 있겠죠. '천리 길도 한 걸음부터' 라는 말이 있잖아요. 조금씩 노력하다보면 원하는 것을 얻을 수 있을 거예요." 수잔은 환하게 미소를 지었다. 나는 그녀가 진부하지만 기본적인 진리를 얼마나 적절하게 사용하는지 감탄했다.

"자 그럼, 누가 당신의 시간을 통제하고 있나요?" 수잔이 물었다.

"물론 저죠!"

"맞아요. 그런데 시간관리의 가장 어려운 점은 '내 시간을 통제하는 사람은 바로 나!' 라는 사실을 깨닫는 겁니다." 수잔의 목소리는 온화했지만 단호했다.

"하루 중 얼마나 많은 전화와 다른 사람의 간섭을 받는지 한번 생각해본 적이 있나요? 당신의 집중을 방해하는 것들이 무엇이고 얼마나 많은지 실제로 점검해보세요. 거기서부터 출발할 수 있어요. 꼭 뭔가에 집중할 필요가 있을 때마다 누군가 내 사무실에 들르거나 또는 전화벨이 울려서 산만하게 만들고 시간을 잡아먹죠. 하지만 당신이 마감을 코앞에 둔 상황이라면, 과감하게 전화선을 뽑아버리고 사무실 문을 잠그세요. 그리고 팀원들에게 당신의 사무실 문이 잠겨 있을 때는 업무에 집중해야 할 중요한 시간이니 방해하지 말라고 미리 말해두세요. 개인적으로는 사무실 문을 잠그는 것을 별로 좋아하지 않지만, 정말 중요한 사항이고 절대로 방해받고 싶지 않을 때는 문을 잠그죠."

과연 이 방법이 통할까? 나는 벌써부터 실천해보고 싶어 몸이 근질근질했다. "당신 팀의 직원들도 마찬가지로 효과적으로 시간을 통제하도록 유도하세요. 문을 잠근 사무실이 없는 경우에는 각자의 자리에서 잘 보이는 곳에 빨간색 리본을 다는 방법도 있으니까요. 빨간 리본을 걸 때는 '방해하지 마세요' 라는 의미인 거죠. 물론 좀 엉뚱해 보이기도 하지만 모든 사람들이 그 메시지를 인지하고 익숙해지면 오래지 않아 분명 효과가 나타날 거예요." 수잔은 확신에 차서 말했다.

"한번 시도해볼 만한 가치가 있을 거 같네요. 그렇죠?" 그리고 나는 내 질문에 스스로 답을 찾기 시작했다. "우리는 분명 이전과는 차별되는 것들을 시도할 필요가 있어요. 수잔 당신의 제안이 아주 좋은 출발점이 될 거 같아요. 그런데, 수잔. 혹시 '미쳤다' 라는 단어의 색다른 정의를 들어본 적이 있나요?" 이번에는 내가 수잔에게 질문을 던졌다. "똑같은 일을 하고 또 하면서, 이전과는 다른 결과가 나오기를 기대하는 것. 이것이 바로 미친 짓이라고 하던데요!" 수잔과 나는 장난스럽게 웃었다.

나는 마무리하듯 말했다. "맞아요. 산만하고 불필요한 일들을 정리하면 시간을 더 효율적으로 통제할 수 있겠죠. 그렇다면 회의시간이나 횟수는 어떻게 하는 것이 좋을까요? 간혹 그런 생각이 드는데요, 회의를 하다보면 아무 생각 없이 이 회의실에서 저 회의실로 왔다 갔다 하기만 하는 것 같거든요."

그러자 수잔은 아주 분명한 어조로 물었다. "그 많은 회의가 모두 꼭 필요한 것인가요? 안건에 따라 여러 사람이 모이지 않고 담당자와 개인적으로 처리할 수 있는 것도 있잖아요?" 나는 평소에 내가 갖고 있던 회의에 대한 개념도 바꿀 필요가 있다고 느꼈다.

"이런 회사를 본 적이 있어요. 그 회사는 매주 수요일 오후에 정기적인 회의를 하곤 했는데, 그 사람들은 정해진 스케줄에 따라 그저 기계적으로 회의를 해요. 회의를 해야 할 필요가 있는지 없는지 상관없이 말이죠. 직원들은 자신의 귀중한 업무시간을 내서 회의에 참가하지만 새로운 정보나 동기부여를 얻지도 못하고 회의실을 나가죠. 회의를 위한 회의는 그야말로 시간낭비고 아무것도 얻는 게 없어요." 수잔은 그런 상황을 정말 싫어하는 듯했다.

"현재 수행해야 할 중요한 일을 제쳐두고 시간낭비뿐인 회의에 불려 다니는 걸 좋아할 사람은 아무도 없을 거예요. 테일러, 당신은 이제 관리자가 되었어요. 그렇다면 관리자로서 팀원들에게 언제 회의를 하면 좋을지 그들의 스케줄이나 의견을 물어본 적이 있나요?"

나는 그동안 내가 요청한 회의 중 불필요했던 미팅에 대한 기억을 더듬어보고 있었다.

"정말 효율적이고 일 잘하는 관리자는 꼭 필요한 경우에만 회의를 소집합니다. 회의란 당신의 팀원들이 좀 더 수월하게 업무를 처리할 수 있도록 도움을 주거나, 직원으로서 반드시 숙지해야 할 일이 있을 때, 효율성 높은 직원이 되도록 가르쳐줄 것이 있을 때만 가치가 있는 것이죠. 이런 회의습관을 형성할 수 있는 방법 한 가지는 아무런 도움도 안 되는 회의는 당장 없애는 거예요. 그리고 그렇게 하기로 했으면 진득하게 그 원칙을 고수하세요." 그러나 말처럼 쉬울 것 같지는 않았다.

"생각해봐요, 테일러. 할 일이 얼마나 많은데 불필요한 회의에 시간을 낭비할 만큼 여유로운 사람이 어디 있겠어요? 특히나 늦게 오는 사람들까지 기다려주고 싶은 사람은 하나도 없답니다. 그러니까 모든 사람이 제 시간에 정확히 오게 하려면, 절대적인 시작시간과 종료시간을 정해서 그 원칙을 계속 고수하는 겁니다." 수장은 말을 계속했다.

"그리고 제 시간에 회의에 참석한 사람, 제 시간에 회의를 끝낸 사람에게는 나름의 보상을 해주세요. 만약 회의에 늦은 직원이 있다면 그 사람들에게 안건과 진행사항에 대해 다시 설명해주는 데 시간을 쓰지 말고 회의가 끝난 뒤에 스스로 파악하라고 하세요. 그리고 회의 중에는 정해진 안건에만 집중하세요. 다른 문제까지 언급하다보면 어디로 흘러가는지 갈피를 잡을 수 없잖아요? 회의시간을 체크하는 사람을 두고 시작시간과 종료시간을 어기지 않도록 진행하는 것도 유용한 방법이에요. 정해진 스케줄은 반드시 따르는 거죠."

"알았어요. 회의시간에는 오직 회의에만 집중하란 말이죠?"

"한가지 더 조언을 해준다면, 관리자라고 해서 모든 회의에 참석해야 하는 건 아니라는 사실이에요. 요즘 관리자들은 때론 너무 많은 회의에 시간을 뺏겨서 정작 자신들의 팀과 대화를 할 시간조차 내지 못하죠. 그러니 정보전달을 목적으로 하는 회의라면 아랫사람에게 권한을 위임하여 당신 대신 보내요.

팀원들을 대할 때 이런 식으로 정확하게 시간관리를 하면서 업무를 진행한다면 당신의 깔끔하고 집중적인 태도에 누구나 찬사를 보낼 거예요. 하루는 오직 24시간뿐이잖아요? 그러니까 당신에게 주어진 당신만의 시간을 위해서는 이기적인 사람이 될 필요도 있어요. 다른 사람이 당신의 시간을 낭비하지 못하도록 하세요." 수잔이 내 눈을 바라보며 강조했다.

나는 수잔의 말을 모두 받아 적었다. 물론 누구나 다 알고 있는 내용도 있었지만 직관적으로 아는 것과 알아낸 것을 실천하고 고수하는 것은 또 별개의 문제가 아니던가. '배운 것을 지속적으로 실천하라!' 이것이야말로 보편적이면서도 가장 중요한 단서였다.

수잔은 계속해서 말을 이어 나갔다. "또 하나, 우리가 고정관념에 사로잡혀서 실행하지 못하는 아이디어가 있어요. '회의를 할 때는 일어선다'는 것이죠. 그러면 회의는 30분 안에 끝날 겁니다, 장담하죠! 이건 예전의 내 상사가 가르쳐준 하나의 전략인데, 효과 만점이에요. 회의를 서서 하는데 쓸데없는 이야기를 하면서 오랫동안 서 있고 싶은 사람이 누가 있겠어요." 수잔은 장난스럽게 웃었다. "이렇게 하면 다들 요점만 빠르고 간단하게 말하고 끝낸답니다."

"음, 그 말은 회의를 주관하는 리더가 서야 하는 건가요? 아니면 회의에 참석하는 모든 사람들이 다 서야 된다는 뜻인가요?" 어처구니없는 질문이라는 것을 알았지만 궁금한 것은 참을 수 없었다.

"회의를 진행하는 사람을 세우세요." 수잔이 대답했다. "그렇다고 해서 나머지 사람들은 편안한 자세로 있어도 된다는 말은 아닙니다. 그러면 회의는 질질 늘어지게 되요."

이 얼마나 멋진 아이디어인가? 나는 당장이라도 실행해보고 싶었다. 들뜬 마음으로 수첩에 기록하던 걸 멈추고 수잔에게 물었다. "혹시 회의 이외에 시간을 절약하는 또 다른 방법이 있을까요? 끝도 없이 이어지는 서류작업과 수도 없이 오는 이메일을 처리하는 데 도움이 될 만한 전략은 없을까요?"

"그건 아주 쉬워요, 테일러. 먼저 어떤 일이 우선순위인지 정한 다음 차근차근 계획을 세우세요. 시간관리의 방법을 알려주는 책들을 보면 사소한 서류작업은 모아 두었다가 한꺼번에 처리하라고 하죠. 만약 뭔가가 당신 책상 위에 놓이면 따로 분류를 해 모아두든지, 아니면 그 즉시 처리해버려야 해요. 만약 새로운 정보나 자료라면 서류철에 따로 넣어두고 '나중에 읽을 것' 이라고 표시를 해두세요. 나 같은 경우는 그렇게 모은 자료들은 출장 갈 때 가지고 가면서 이동 중에 읽죠. 그리고 다 읽은 서류는 버리든지 아니면 모아둡니다. 서류에서 필요한 부분이 있으면 따로 보관하고요. 다시 한 번 강조하지만, 서류작업은 단 한 차례에 한꺼번에 해치워버리세요. 이 정도는 별것 아닌 것 같지만 얼마나 유용한지는 실천해보면 금방 알게 돼요."

수잔의 조언은 계속해서 이어졌다. "그리고 이메일의 경우, 하루 두 번 정도 확인하면 충분한 것 같아요. 아침에 한 번, 점심에 한 번. 그보다 더 자주 메일함을 확인하는 습관은 업무에 방해가 되요. 물론 고객이나 상사로부터 중요한 메일을 기다리는 경우는 다르지만요.

그럼 당신은 어때요, 테일러? 시간을 절약하기 위해서 예전부터 실천하고 있는 좋은 전략이 있나요?" 수잔은 도움을 필요로 하는 사람이 스스로 아이디어를 생각해내고 대답을 찾도록 유도하는 데 탁월한 능력을 가진 사람이었다.

"글쎄요. 내가 알고 있는 한 가지는 '불필요한 일에는 No라고 말한다' 는 것이죠. 사실 관리자가 되기 전까지는 제 사전에 'No' 라는 단어는 없었죠. 무슨 일이든 맡겨진 일은 다 해야 한다고 생각했거든요. 그러나 처리해야 할 일들이 많아지다 보니 모든 것을 다 할 수 없겠더라고요. 그래서 굳이 내가 하지 않아도 되는 업무를 부탁받는다거나 이런저런 모임에 참여하라고 권유받을 때는 간혹 '안 되겠는데요' 라는 말을 합니다. 또 하나는 '회사에서의 세다툼에 끼어들지 않을 것' 이에요. 편을 갈라서 남의 말을 하고 헐뜯는 일들이 일어나잖아요. 그런 정치적인 일들은 정말이지 시간만 낭비하는 일이더라고요." 내 말끝에서 무의식중에 날카로움이 묻어나왔다. "진창에서 떨어져 있는 게 훨씬 더 편하죠."

수잔은 내 말에 한 가지 충고를 덧붙여주었다. "아주 좋아요, 테일러. 내가 쓰고 있는 방법을 한 가지만 더 이야기하자면, 기차나 비행기로 출장을 갈 때나 누군가의 방해를 받지 않는 시간은 계획을 세우기에 아주 유용해요. 나는 대개 이른 아침에 출근하기 전 시간을 이용해 그날 하루의 계획을 세우죠. 이른 아침은 머리가 가장 맑은 시간이라고 하잖아요? 하루의 계획을 세우기에는 더할 나위 없이 좋은 시간이죠."

"좋은 아이디어에요. 그런 의미에서 우리의 미팅이 하루 중에서 첫번째 일이라서 기분이 좋네요. 당신과 나 모두 쌩쌩한 기운으로 만나니까 말이에요." 나는 농담처럼 말했다. 동시에 수잔의 입가에 떠오르는 미소를 볼 수 있었다. "좋아요. 자 그럼, 이제부터 당신이 가장 먼저 해야 할 일이 뭐라고 생각하죠?"

"양동이에 돌멩이를 넣는다는 비유는 아주 인상적이었어요. 일단 내 업무 중 가장 중요한 돌멩이에 해당하는 것이 무엇인지 알아내고, 그 다음엔 자갈이 무엇인지 정의하고, 그 사이 사이에 업무상 사소하지만 꼭 해야 하는 일인 모래를 붓고 마지막으로 물이 얼마만큼 들어가는지 지켜볼 거예요. 이번 기회에 내 시간을 통제할 사람은 나밖에 없다는 것을 느꼈어요. 그러면 아마 모래 같은 일들을 할 시간이 더 많이 생기겠지요.

또한 중요한 일이 아니라 꼭 해야만 하는 일, 즉 우선순위의 일에도 집중할 겁니다. 그렇게 되면 물처럼 어느 곳에나 널려 있는 사소한 일들 때문에 소비되는 시간을 최소한으로 줄일 수 있는 지혜도 생기겠죠. 꾀 없이 열심히만 일하는 게 아니라, 더 영리하게 일할 수 있는 지혜 말이에요. 어서 빨리 우리 팀원들과 이 아이디어를 공유하고 실천해보고 싶어요. 숨돌릴 틈도 없이 일하는 우리 모두에게 아주 유용할 거예요, 수잔."

어느새 한 시간이라는 시간이 훌쩍 지나가 버린 걸 눈치 챈 우리는 컵을 들고 일어섰다. "오늘의 충고 정말 고마워요, 수잔. 이번 주에는 할 일이 정말 많을 거 같아요. 그럼 요가시간에 만나고, 다음 주 월요일에는 멋진 성공담을 들려드리죠."

"좋아요, 테일러! 행운을 빌어요. 잘 가요!" 수잔은 손을 흔들며 인사를 하고 우리는 곧 헤어졌다.

시간관리의 묘미
돌멩이와 조약돌, 모래, 물

1. 내 시간에 대해서는 이기적인 사람이 되자. 내 시간
   은 내가 통제한다. 또한 저마다의 시간에 대해서 스
   스로 책임을 지도록 한다.
2. 회의는 꼭 필요할 때만 소집한다.
3. 기본적인 목표에 영향을 끼치지 않는 한도에서는
   절차상의 변화를 시도해본다.
4. 한 번 결정되면 끝까지 실천한다.

사람경영의 대전제
각자의 개성을 존중하는 플래티넘 룰

세 번째 주의 월요일 아침이 밝았다. 나는 평소보다 일찍 일어나서 몇 분 동안 차분하게 생각을 정리하고는 수잔을 만나러 길을 나섰다.

지난주, 수잔과의 대화에서 배웠던 내용을 실제로 적용해 볼 수 있는 몇 번의 기회가 있었다. 심지어 집에서도 나는 '단순하게, 그리고 항상 계획하라'는 수잔의 충고를 실천해 보려고 노력했다. 이것은 별로 어려운 것이 아니었는데, 저녁식사를 준비할 때 평소의 두 배 정도 많이 만들어놓고 반은 냉동시켜서 며칠 동안 먹을 수 있도록 한 것이다. 그리고 아이들의 점심 도시락과 간식도 그 전날 충분하게 준비해두었다. 샌드위치 속에 넣을 재료를 많이 만들어둔다거나, 한입에 먹을 수 있는 간식거리를 플라스틱 도시락에 넣어두고 가방에 집어넣기만 하면 끝나도록 했다. 여러 번 요리해야 하는 수고와 시간을 단 한 번으로 줄인 것이다.

나는 기분 좋게 약속장소로 들어갔다. 수잔이 주문을 위해 카운터 앞에 줄을 서 있는 것이 보였다. 수잔 뒤에 살짝 다가가 줄을 섰다. 나처럼 매일 블랙 커피만 마시던 수잔은 평소와는 다른 걸 주문했다. 거품이 잔뜩 든 부드러운 카페라테. 음, 괜찮은데? 나도 색다른 것을 시도해볼 필요가 있지 않을까?

"저도 같은 걸로 주세요." 그러자 수잔이 내 목소리를 알아듣고 뒤돌아보며 미소를 지었다.

"어머 슬슬 변화를 시도한 거예요?" 수잔이 나와 함께 테이블로 향하면서 말했다. 우리가 애용했던 구석진 곳의 소파는 이미 다른 사람의 차지였다. 뭐, 어쩔 수 없지. 우리는 다른 곳에 자리를 잡았다. 수잔은 먼저 지난 주말에 있었던 조쉬의 축구경기에 대해 물어왔다. 내가 수잔을 좋아하는 것은 바로 이런 점 때문이다! 수잔은 일상의 소소한 이야기를 할 줄 아는 여유가 있으면서도 필요할 때면 정곡을 찌르는 아주 정직한 충고를 해준다.

"지난주에 계획한 일들은 추진했었나요? 사실 나도 지난주의 미팅을 통해 내 인생에서 굵직했던 사건들을 다시 한 번 떠올려볼 수 있었답니다." 수잔은 자신이 말한 것이라도 스스로 실천하고 있는지 점검할 필요가 있다고 솔직하게 인정했다. "테일러, 지난주에 있었던 일들을 이야기해주세요."

나는 탁자 위의 신문을 옆으로 치우고는 말을 꺼냈다. "우리가 이야기했던 주제를 실천해볼 수 있었던 멋진 한 주였어요. 마침 우리 팀에 몇 번의 회의 스케줄이 잡혀 있었는데, 팀원들에게 회의에 대한 평소 의견과 개선방법을 말해보라고 한 다음 좋은 것은 직접 실행해보자고 했죠. 팀원들은 새로운 방식으로 회의에 변화를 주는 아이디어를 환영하는 것 같았어요. 회의를 30분으로 제한하자는 내 의견에는 아무런 의의도 없었고요. 놀라운 것은, 수잔이 말해준 방법을 써보니 회의가 예전보다 10배나 더 생산적으로 진행되었다는 거예요!

실제로 팀원 중 한 명은 회의형식이 바뀐 덕분에 앞으로 중요한 안건에만 집중할 수 있을 것 같아 아주 기쁘다고 말하더군요. 그녀는 예전의 방식에 아주 불만이 많았었다고 털어놓았어요. 늦게 오는 사람까지 기다리고, 짧게 끝낼 수 있는데도 질질 늘어진다거나 하는 일들이요. 회의의 방식과 시간을 바꾸었더니 실제로 금세 효과가 나타났죠." 나는 수잔에게 성공담을 들려줄 수 있어서 내심 뿌듯하고 기뻤다.

"그러다 마침내 내 사무실의 방문을 닫아야 할 때가 왔었죠. 물론 팀원들에게 내가 중요한 일을 볼 때는 사무실 문을 닫을 테니 방해하지 말라는 의미로 받아들여달라고 미리 알려주었고요. 그리고 각자의 책상에 빨간 리본을 매다는 아이디어를 소개했어요. 그러자 다음날 한 사람이 아주 밝은 주홍색 리본을 사와서 팀원 모두에게 하나씩 나누어 주더군요. 서로를 방해하지 않고 효율적으로 일할 수 있는 유용한 아이디어를 실천하게 되어 정말 기뻤어요. 이제 시작이기는 하겠지만 우리의 습관을 바꾸는 것은 그리 어렵지 않았어요. 더 기분 좋은 건 아무도 반대하지 않았다는 거고요."

"맞아요. 이렇게 사소한 일이 우리에게 큰 영향을 미칠 수 있답니다. 조금씩 노력하면 언젠가는 원하는 것을 얻을 수 있다는 말이 딱 들어맞죠? 테일러 당신이 우리의 미팅 결과에 대해서 만족한다니 나도 기쁘군요. 명심할 점은 당신이 그런 변화를 시도한 만큼 결과에 대한 책임을 지고 직원들에게 신뢰도 줄 수 있어야 한다는 거죠. 자, 오늘 아침의 주제는 뭐죠?" 수잔이 밝은 목소리로 물었다. 나는 선뜻 주제를 제시할 만큼 준비가 되어 있지는 않았다. 그러나 수잔에게 꼭 묻고 싶었던 것이 있었다.

"우리 팀원들의 절반은 신입사원이에요. 그리고 나는 그들의 관리자구요. 우리에게 주어진 일을 하기 위해 직원 모두의 능력을 자원으로 사용하는 것은 아주 중요한 일이라고 생각해요. 우리는 저마다의 강점이 있으니까요. 그래서 더 조화롭게 일하기 위해서 서로를 더 잘 알아야 한다고 생각해요. 그렇지만 직장에서 개인적으로 친분을 쌓을 시간적인 여유가 어디 있나요?" 수잔은 고개를 끄덕였다.

"그래서 팀원들과 친해질 수 있는 기회를 만들려고 근무가 끝난 뒤에 식사나 하며 편히 이야기할 수 있는 시간을 만들자고 제안했었죠. 한 팀이라는 같은 배를 탄 이상 회사에서 얼굴만 보는 것보다 좀더 친해질 필요가 있잖아요? 하지만 회식시간을 정하기가 너무 힘들더라고요. 날짜를 정했다 하면 항상 팀원 중 누군가에게 사정이 생기곤 하는데, 아무래도 뭔가 잘 안 맞나 봐요. 시간을 내는 것이 별로 어려운 일도 아닌 것 같은데 팀원들이 서로에 대해서 관심이 없는 건지 내가 싫은 건지…. 서로를 좀더 알아야겠다는 필요성을 못 느끼는 걸까요?"

수잔은 몇 가지 질문을 던지며 내 질문에 대해 접근해나갔다. "테일러, 회식에 대해 팀원들의 동의를 구했나요? 어쩌면 그들이 근무가 끝나고 그냥 집에 돌아가서 가족과 함께 있고 싶어서 그런 건 아닐까요? 당신도 그렇잖아요."

"만약 그런 경우라면, 왜 솔직히 집에서 쉬고 싶다고 이야기하지 않을까요? 항상 이리 저리 핑계만 대고…, 그리 어려운 일도 아닌데 말예요." 나는 볼멘소리로 대답했다.

"물론 당신은 그렇게 말하기가 쉽죠, 테일러. 하지만 기억해요. 당신은 그들의 상사라는 것을요. 그리고 신입사원들이니 당신에 대해서 잘 모를 수도 있어요. 누구든 새로운 상사와 함께 일하는 방법을 터득하고 친밀한 관계를 구축하는 데는 시간이 필요한 법이죠. 아니면 일찍 집에 돌아가고 싶다고 솔직하게 말하면 상사에게 유감이 있어서 피하는 게 아닌가 하고 오해 받을 수도 있다는 생각을 했을 가능성도 있고요." 나는 깜짝 놀랐다.

"테일러, 당신이 회사에 첫 출근하던 날을 기억해요? 만약 당신의 상사가 당신더러 근무시간이 끝났는데도 늦게까지 남아서 함께 식사를 하고 이야기나 나누자고 했다면 당신은 어떻게 반응했을까요?"

"음…. 아마도 나라면 '뭐라고? 하루 종일 일하느라 힘들어 죽겠는데 집에 가지 말고 자기랑 이야기나 하자고? 뭣 때문에? 나는 집에 가서 가족들과 쉬고 싶다고!' 라고 생각했을 거예요." 나는 내 질문에 벌써 답을 찾은 듯한 느낌이었다.

"봐요, 테일러. 당신의 상사가 서로서로 잘 지내자는 좋은 의도로 그런 제안을 했는데도 당신은 전혀 다르게 받아들이잖아요. 그리고 당신은 지금 그런 상사처럼 행동하고 있고요. 시간은 우리 모두에게 아주 귀중한 자원이에요. 그리고 대부분의 사람들은 직장에서 상당히 많은 시간을 보내죠. 퇴근시간 이후의 시간은 자신을 위한 시간이지 회사나 조직의 시간이 아니에요. 그렇다면 근무시간 외에 따로 시간을 갖지 않고도 팀원들과 서로 친해지려면 어떻게 해야 할까요? 이 점에 대해서는 앞으로 더 생각해보기로 해요."

"좋아요. 그건 좀더 시간을 갖고 생각해요. 답을 찾는 것은 그리 어렵지 않을 거에요. 그러면 다음 고민거리로 넘어갈게요." 나는 다음 질문을 생각하면서도 뭔가 좀더 크고 중요한 요점을 놓친 듯 했다.

"수잔, 당신이 생각하기에 이것이 사소한 일인지 아닌지 궁금해요. 회사생활을 하면서 각자의 사적인 생활은 사적인 영역으로 남겨 놓고도 마음이 잘 맞고 일도 잘하는 강한 팀이 될 수 있을까요? 나는 사실 공과 사의 구분이란 불필요하다고 여겨서, 팀원들과 함께 내 아이들, 내 가족에 대해서도 이야기하면서 지냈으면 좋겠어요. 자신에게 중요한 것이 무엇인지 서로 이해하는 그런 관계 말이죠. 저는 그런 사람이거든요."

"테일러, 여기서 중요한 것이 있어요. 똑같은 사람은 이 세상에 하나도 없어요. 서로 너무나 다른 개인이죠. 어떤 사람은 드러내는 것을 좋아하지만 어떤 사람은 그렇지 않지요. 그것뿐이에요. 세상에는 분명 당신과 다르게 생각하고 이야기하는 사람이 있답니다. 당신의 스타일이 옳은지 틀린지 하고는 전혀 상관없죠. 그냥 다른 것뿐이니까요.

사람들 사이의 차이에 관한 좋은 예가 있어요. 당신 아이의 생일이라고 생각해봐요. 당신과 남편은 아이에게 줄 자전거를 샀어요. 자전거는 조립식이었기 때문에 당신과 남편은 생일 아침에 아이를 놀래주려고 전날 밤에 조립을 시작했어요. 자, 당신과 남편은 이 문제를 어떤 식으로 접근할까요?" 수잔은 궁금하다는 듯 눈썹을 치켜 올렸다.

나는 잠시 생각에 잠기고는 미소를 지었다. 실제로 우리 가족에게 그런 일이 있었기 때문이다. 작년에 우리는 조쉬의 생일선물을 위해 연두색 자전거를 주문했었다. 그리고 그 전날 밤 자전거를 조립하기 위해 몇 시간 동안 낑낑거리며 애를 썼었다.

"재미있네요, 정말로 작년에 그런 일을 겪었거든요. 그래서 우리 두 사람이 어떻게 했는지 정확하게 말해줄 수 있어요. 일단, 마이클은 먼저 조립 설명서를 꺼내더니 꼼꼼하게 읽더군요. 앞에서부터 끝까지요. 그리고 상자 안에서 부품을 하나하나 꺼내더니 거실 바닥에 가지런히 놓는 거예요. 한 시간 후, 그래도 남편이 조각 하나를 어디 놓을지 고민하는 것을 보고 나는 지칠 대로 지쳐서 상자 속의 모든 부품을 바닥에 한꺼번에 쏟아버렸죠. 그리고 내 방식대로 자전거의 구조를 생각하며 부품을 맞추기 시작했어요. 제 말은 그러니까, 자전거에 바퀴며 핸들이 어디에 있어야 할지 누구나 쉽게 알 수 있잖아요? 저는 그게 더 쉬웠죠." 나는 웃으면서 말했다.

"그런데 마이클은 자기 방법이 더 좋다고 고집을 피우는 거예요. 내 방식대로 하면 절대 제대로 조립할 수 없을 거라고 하면서요. 나는 둘이서 같이 하다가는 자전거 완성도 못 시키고 밤을 샐 거라는 불길한 생각이 들었죠."

수잔은 내 말을 듣고 중요한 지적을 했다. "그렇죠? 당신과 마이클은 함께 '자전거 조립'을 목표로 일을 시작했어요. 문제는 서로 다른 방식으로 접근했다는 거죠. 어쨌든 결국 자전거는 완성시켰잖아요? 그렇죠?" 수잔은 질문이 아니라, 확인하는 식으로 물었다.

"테일러, 내가 말하고자 하는 점이 바로 그거예요. 당신과 마이클 두 사람은 자전거를 조립하는 일에 서로 다른 방식으로 접근했죠. 그렇다고 해서 어느 한쪽이 옳고 누구는 잘못되었다는 것이 아니에요. 당신과 마이클 둘 다 옳아요. 직장 일도 마찬가지죠. 사람들은 다르게 생각하고 서로 다른 방식으로 업무에 접근해요. 그러면서도 일은 무사히 진행되잖아요. 그렇지 않나요?"

나는 수잔의 말에 고개를 끄덕였다.

"어떤 사람은 논리적이고, 어떤 사람은 분석적이며, 또 어떤 사람은 다른 사람보다 소심할 수 있어요. 그런 사람은 근무시간이 끝나고 직장사람들과 모임을 갖는 것보다 혼자 지내는 걸 더 좋아하겠죠. 물론 당신과 같은 사람들도 많아요. 외향적이고 사람들을 좋아하고, 다른 사람과 함께 있는 것을 즐기는 이들이죠. 그 덕분에 우리의 근무환경이 아주 풍요롭고 다양하게 채워지는 거예요. 그것이 바로 '다양성'이랍니다."

"수잔, 아주 분명하게 설명해주시는 군요." 나는 수잔의 말을 인정했다. "나는 지금까지 사람들이 갖고 있는 성향의 차이를 깊게 생각해본 적이 없어요. 사실 회사사람들을 우리 집에 초대하면 좋아할 거라 생각하고 요즘 계획을 세우고 있었거든요." 나는 내 짧은 생각을 깨닫고 인상을 찡그렸다.

"너무 걱정하지 말아요, 테일러." 수잔은 서둘러 나를 안심시키려고 했다. "당신의 생각이 잘못되었다는 것은 아니니까요. 진짜 중요한 것은 바로 사람들을 대할 때 '플래티넘 룰 *Platinum Rule*' 을 적용시키는 거죠."

"네? '골든 룰 *Golden Rule*' 은 알겠는데 '플래티넘 룰' 은 뭐죠?"

그러자 수잔이 설명했다. "설명하자면, 테일러 당신도 잘 알다시피 골든 룰은 '내가 대접받고 싶은 대로 남을 대접하라' 는 거잖아요? 물론 그 의도는 아주 선하죠. 그렇지만 만약 당신은 회사사람들과 많은 시간을 함께 보내며 친밀한 관계를 맺고 싶은데 다른 사람은 근무시간이 끝나자마자 훌쩍 사무실을 떠나버리면 어떻게 하죠? 플래티넘 룰은 이거예요. '남이 나에게 바라는 대로 그 사람을 대접하라.' 간단하게 말하자면 직장에서 교류나 의견교환을 할 때, 다른 사람의 방식과 당신의 방식이 늘 일치하는 것은 아니라는 거예요. 이제 서로가 다르다는 것을 알겠어요?"

수잔이 옳았다. 나는 늘 팀원 간의 친목을 도모하기 위해 나만의 방식으로 사교적인 시간을 가지려 했던 것이다. 나는 팀원들이 나와 같은 방식, 즉 식사를 하거나 집으로 초대하는 방식을 좋아하지 않을 수 있다고는 상상도 못했던 것이다. 이 점을 깨닫게 되자 나는 우리의 대화를 최대한 자세하게 기록하기 시작했다.

"그러니까, 다른 사람의 입장에서 생각할 필요가 있다는 거죠? 그게 수잔 당신이 말하고 싶은 거 아닌가요?"

"예, 제가 말하고자 하는 게 바로 그거예요. 관리자들은 모든 직원들을 모두 다 똑같은 기준으로 대하려는 실수를 자주 범하죠. 하지만 그건 별로 효과가 없어요. 모든 사람들에게 딱 들어맞는 절대 경영의 법칙이란 것은 없거든요. 왜 이런 이야기 많이들 하잖아요? '나에게는 내 방식이 있어요. 그러니까 나를 받아들이든지 아니면 그냥 내버려둬요.' 그런 독불장군 같은 태도는 인간관계를 맺는 데 절대 도움이 되지 않아요. 리더에게는 절대 그런 태도가 어울리지 않습니다. 리더는 사람들 사이의 차이점을 명확하게 파악하고 그에 따라 서로 다른 관계를 구축해나가야 해요. 여기에 리더와 보스의 차이점이 드러납니다. 리더는 아랫사람을 이해하고 이

끌어가는 존재지만, 보스는 군림하고 명령하는 존재
일 뿐이지요."

리더와 보스? 나는 지금까지 그 차이를 모르고 있었다. "전
형적인 보스의 경영태도 중 하나로 '내 의견을 따르지 않겠
다면 참견하지 마라'가 있지요. 그렇게 강경한 태도를 가진
사람은 결국 실패하게 되어 있답니다. 왜냐하면 오늘날의
업무환경에서 '유연함'이야말로 성공의 관건이기 때
문이죠. 어떤 사람은 이를 '민첩함(Agility)'이라고 부르기
도 해요. 다양한 형태의 업무가 이루어지는 환경에서 모든
사람들의 개성을 수용할 수 있는 능력이라고나 할까요. 만약
당신이 민첩하거나 유연하지 않다면 팀원들은 결코 제대로
업무를 수행하지 못해요. 아주 간단하지만 이건 사실이죠."
수잔은 나의 대답을 기다리며 말을 맺었다.

"이전에는 '다양성'이니 '유연함'이니 하는 말을 생각해
본 적이 없어요." 나는 대답했다. "그렇지만 우리 팀은 정말
로 다양한 개성을 가진 사람들로 구성돼 있지요. 나보다 경
력이 더 오래된 직원도 있고요. 내가 만약 직원들에게 근무
가 끝나고 함께 식사를 하자고 반강제적으로 제안했다면 아
마 그들은 내키지 않더라도 어쩔 수 없이 따랐을 거예요. 그
런 태도가 내 방식이겠거니 했겠죠. 이제야 알겠어요, 수잔.
이런 실수를 하다니! 하지만 이번 주에는 내 방식과는 다른

것들을 시도해볼게요. 다음 주 월요일에 어떤 일이 일어났는지 자세하게 알려드리죠."

"좋아요, 다양하게 시도해보세요. 자, 이제 각자 일터로 돌아가서 또 바쁜 하루를 보내자고요. 당신을 지각하게 만들고 싶지는 않아요. 리더로서 중요한 태도 중 하나는 바로 시간을 지키는 거잖아요. 자, 요가수업에서 만나요."

"그래요, 수잔. 고마워요. 멋진 한 주 보내세요!"

가게 문을 나서며, 나는 이제부터 내 팀원들을 이전과는 전혀 다른 렌즈를 끼고 보리라 결심했다. 직원들을 단체가 아닌 개개인으로 바라보고 그들의 독특한 개성이 무엇인지 알려고 노력하는 일, 이것이야말로 이번 주에 내가 실천해야 할 일이었다.

사람경영의 대전제
각자의 개성을 존중하는 플래티넘 룰

1. 골든 룰이 아니라, 플래티넘 룰을 사용한다.
2. 사람들은 모두 다른 개성을 갖고 있다는 것을 기억한다.
3. 다른 사람의 입장이 되어 보고 팀원들의 다양성을 존중한다.
4. 성공하는 리더는 유연한 태도를 갖고 있기 때문에 서로 다른 개성과 취향을 가진 사람들과 어떻게 효율적으로 일하는 방법을 알고 있다.

골칫덩이 협력자들
내 사람이 아닌 사람을 다루려면

이번 주 월요일 아침은 나에게 아주 힘든 시간이 될 것 같았다. 다른 부서에서 일하는 동료 브랜든과 문제가 생겼기 때문이다. 브랜든 때문에 나는 정말 참을 수 없었다.

지난 주, 수잔과 나는 다른 사람의 입장이 되어 보는 문제에 관해서 이야기를 나누었다. 하지만 다른 이의 입장이라는 것이 말처럼 쉽게 와닿지 않았다. 오히려 새롭게 깨달은 사실은 이랬다. 나는 나처럼 재빨리 반응해주지 않는 사람을 참지 못한다는 것이다. '차라리 내가 하고 말지!' 라는 생각이 간절했다.

아침잠을 떨치고 집을 나서서, 제시간에 약속장소에 도착했다. 지난 주에 수잔이 말한 것처럼 '시간을 지키는 것은 리더의 중요한 태도'라는 원칙을 지킨다는 것을 보여주고 싶었기 때문이다. 우리는 매장 앞 쪽에 있는 테이블로 가서 앉았고, 곧장 본론으로 들어갔다.

"수잔, 나도 분명히 사람들은 저마다 다른 개성과 다른 가치가 있다는 것을 알아요. 지난 주에 우리가 이야기했듯이 말예요. 그렇지만 누군가가 제시간에 제출해줘야 할 일을 다 마치지 못하거나, 전혀 쓸모없는 정보나 갖다줄 때면 정말이지 기운이 다 빠져요. 지난 주에는 정말 화가 나서 죽을 뻔 했지 뭐예요.

저와 다른 부서에 브랜든이라는 동료가 있어요. 나는 브랜든에게 새로운 프로젝트가 미치는 영향에 관한 보고서를 작성해달라고 부탁했죠. 그런데 정말 세월아 네월아 하며 시간만 끄는 거예요. 그리고 나중에 보고서 가져온 것을 보니, 이건 온통 그래프와 도표뿐이더군요. 아니, 내가 표까지 분석하고 있어야겠어요? 내 부탁을 제대로 들어주지 않는 동료를 관리하는 일은 정말 더 힘든 것 같아요. 우리 팀도 아니고, 내 사람이 아니니까 어떻게 다룰지 모르겠어요."

수잔은 즉시 내 말의 요점을 이해하는 것처럼 보였다. "정말 멋진 표현이에요. '내 사람이 아닌 사람 다루기!' 그리고 당신 말이 맞아요. 다른 부서와 연계해서 일하는 것은 말 그 대로 내 사람이 아닌 사람을 경영하는 것과 같죠.

타 부서를 잘 관리한다고 해서 당신 팀의 업무가 크게 개선 되는 것은 아니지만, 그렇다고 타 부서의 협조 없이 홀로 일 할 수 있는 조직이나 부서는 없어요. 현대에는 기업이 몸집 을 줄이면서 한 명의 직원이 감당해야 업무의 범위가 굉장히 넓어졌어요. 마케팅 부서만 하더라도 10년 전의 마케팅 업무 와 요즘의 업무는 많이 다를 거예요. 문제는 이거죠. 업무를 효과적으로 수행하기 위해서는 내가 필요로 하는 자료나 정 보를 제공해주는 다른 부서의 직원들을 유용한 자원으로 활 용할 줄 알아야 한다는 거예요. 특히 그 사람들에 대해 권위 를 행사할 수 없는 상황이라면 더욱 어려워지죠.

그럼 테일러에게 한 가지 물어볼게요. 당신이 감당해야 할 업무영역이 어떻게 되죠? 당신의 일을 수행하는 데 필요한 정보나 보고서 등을 지원해주는 부서들이 있나요?"

"음, 나는 주로 정기적으로 회계 부서, 기획실, 마케팅 부 서, 인사 부서, 수금담당 부서와 일해요. 일을 해보면 어떤 부 서는 나와 협력이 아주 잘되고, 내가 도움이 필요할 때면 언 제든지 지원을 해주죠. 하지만 브랜든은 언제나 기한일보다 늦고 우리 부서나 내가 하는 일에 전혀 신경 쓰지 않는 것 같 아요." 나는 한숨 돌리고 말을 이었다.

"어떻게 하면 브랜든을 이해시킬 수 있을까요? 우리 부서에서 그 자료가 꼭 필요하니까 요청한다는 것을요. 어차피 그 사람이 하는 일은 그것이고 힘든 일을 부탁하는 것도 아닌데 말예요!" 점점 내 목소리가 커지는 것을 느낄 수 있었다. 말을 꺼내면 속상하기만 할 뿐이었다.

"테일러, 당신은 브랜든과 원만한 관계를 구축해야 해요. 당신이 그 사람보다 더 높은 위치가 아니라면 일방적으로 명령하지 말고 그 사람이 자발적으로 당신을 도와주게끔 영향력을 발휘할 수 있는 방법을 찾아요. 혹시 예전에 브랜든이 당신의 요청을 과소평가했다거나, 자신이 필요할 때만 당신의 부탁을 들어줘서 다툰 적이 있나요?"

"사실 그런 식으로 생각해본 적은 없어요. 누구나 자신의 필요 때문에 일을 하지 남을 위해 일하지는 않잖아요?" 나는 자신 없다는 듯이 대답했다.

"테일러, 이런 일은 모두 부서와 동료 간의 관계에 관한 일이에요." 수잔은 말을 시작했다. "그리고 조직이 갖고 있는 하나의 목적을 위해 서로 협력하는 문제죠. 당신과 브랜든은 회사라는 조직 안에서 회사의 커다란 목적을 달성하기 위해서 함께 일을 하고 있잖아요? 이때 중요한 것은 두 사람에게 공통된 목적이 무엇이고, 각자 맡은 영역이 회사가 목적을 이루는 데 어떻게 기여하는지 서로 정확히 알고 동의를 하는 일이에요."

수잔의 말은 평소처럼 문제의 핵심을 바로 간파했다. 하지만 수잔은 여기서 그치지 않았다.

"대부분의 기업이나 조직은 95/5 규칙으로 돌아갑니다. 이 규칙이 뭐냐면, 전 직원의 95%는 자기 팀의 주요업무가 무엇인지, 일이 어떻게 돌아가고 있는지 알고 있답니다. 물론 수면 위로 드러나지 않는 사소한 일들이 있기는 하겠지만 대부분 자신의 팀에서 가장 중요한 일이 어떻게 돌아가는지 알고 있다고 봐야죠.

하지만 자기 부서가 아닌 다른 부서의 업무에 관해서는 겨우 5%만을 알고 있다고 해요. 물론 다른 팀의 사정을 100% 알고 있기를 기대하는 것 자체가 불합리한 일이죠. 하지만 다른 부서의 업무를 거의 이해하지 못하는 상황에서 어떻게 조직의 큰 목표를 가늠할 수 있겠어요?" 수잔은 커피를 마시기 위해서 말을 멈췄다.

"만약 테일러 당신이 부서 간의 벽을 허물고 회사 내 다른 부서의 상황을 이해하게 된다면, 그들에 관한 오해나 잘못된 이미지를 없앨 수 있겠죠. 그러면 각 부서들도 서로를 돕기가 더 수월해질 거예요. 브랜든의 입장에서 한번 생각해봐요. 혹시 브랜든이 당신의 요청을 빨리 처리해주지 못한 것은 그 부서에 나름대로의 특수한 상황이 있었기 때문이 아닐까요?"

"글쎄요, 아무런 이야기도 듣지 못해서 잘 모르겠어요. 하지만 그건 제가 상관할 바가 아니잖아요?" 나는 다소 방어적으로 대답했다. "나는 내가 필요한 보고서를 받아야 했어요. 브랜든이 보고서를 주지 않으면 내 일을 끝낼 수가 없었다고요." 또다시 화가 치솟아 목소리가 올라가고 있었다.

수잔은 어깨를 으쓱하고는 말했다. "자, 그러면 브랜든처럼 '내 사람이 아닌 사람'을 다루는 방법에 대해서 한번 살펴봅시다. 혹시 다음 번에 브랜든에게 보고서를 요청할 때가 생기면 새로운 방법을 시도할 수 있을 거예요. 한 가지 분명한 것은, 서로에게 요구하는 일이 분명하면 더 협조적인 관계가 된다는 겁니다.

자 우선, 테일러 당신은 브랜든에게 우선순위의 일이 무엇인지 알고 있나요? 반대로 브랜든은 당신의 우선순위 업무가 무엇인지, 왜 당신이 특정한 날짜를 정해서 그때까지 정보를 달라고 요청했는지 알고 있을까요?"

"제가 정해진 날짜까지 보고서를 달라고 요청하면 내가 그 시간까지 그것이 꼭 필요하다는 사실을 브랜든이 이해할 거라고 생각하는데요. 날짜를 말해줬는데 굳이 더 설명할 필요가 있을까요? 꼭 그래야 하나요?" 나는 수잔에게 되물었다. 나는 그제야 수잔이 무슨 말을 하려고 하는지 감을 잡을 수 있었다.

"음, 그러면 먼저 브랜든에게 요즘 업무가 어떤지, 내가 생각하는 시간까지 보고서를 작성해줄 수 있는지 먼저 물어보면 좋겠네요. 그리고 내가 왜 그 시간까지 그 보고서가 필요한지 브랜든에게 설명하고요. 맞나요?"

"바로 그거예요, 테일러!" 수잔이 맞장구를 쳤다. "그러나 가장 중요한 것은 이거예요. 만약 브랜든이 제시간에 당신에게 리포트를 건네주는 것이 기업 전체의 이익을 위한 일이라는 것을 이해한다면, 자기가 어떻게 하면 더 큰 목표를 위해 이바지 할 수 있을 것인가 눈치를 챌 거예요. 브랜든에게 상황을 설명하고 협조를 부탁하는 행동은 당신과 브랜든을 한 배에 탄 동료처럼 느끼게 하는 전략입니다. 그렇게 되면 당신과 브랜든은 동일한 목표를 향해 합심해서 노를 저어갈 수 있겠죠. 당신의 프로젝트가 제시간에 완성되면, 당신의 부서는 물론 브랜든의 부서에도 이익이 된다는 것을 강조하세요. '사람들은 남을 위해서가 아니라, 자신의 이익 때문에 일을 한다.' 이것이 바로 현실이지요."

"그럼 앞으로, 더 원대한 목적을 위해 내 사람이 아닌 사람을 설득시키는 방법을 시도해보죠." 나는 수잔이 말한 것을 다시 정리하면서 말했다. "먼저, 명령하듯이 요청하면 안 된다는 말이죠? 그 사람이 내게 스스로 협조해서 유기적으로 일을 할 수 있도록 영향력을 발휘하는 거죠. 수잔, 그런데 다른 사람에게 영향력을 발휘하는 것은 대부분의 여성들이 충분히 갖고 있는 능력인 것 같아요. 이제 그 성향을 발휘해야 할 때가 온 것 같네요." 나는 자신감에 차서 대답했다.

"좋은 지적이에요, 테일러. 더 이상 덧붙일 말이 없을 정도로 완벽하게 이해했군요." 수잔이 미소를 지으며 말을 이었다.

"영향력을 발휘한다는 것이야말로 다른 사람과 긍정적인 관계를 구축하고 유지하면서 동시에 유기적으로 일을 할 수 있도록 이끄는 최선의 방법이죠. 그뿐만 아니라, 효과적으로 영향력을 행사하면 당신이 목적한 것을 더 빨리 이룰 수 있게 됩니다."

"영향력을 발휘한다는 것이 특히 직장에서 얼마나 중요한지 이제 알 것 같아요." 나는 수잔의 말에 동의했다. "수잔, 당신의 경우는 어땠나요? 그런 점에서 당신은 프로일 것 같은데요?" 나는 가능한 한 내 리더십을 향상시킬 수 있는 모든 방법을 알고 싶었다.

"나도 다른 사람의 입장이 되어보는 것부터 시작했어요. 내게 효과적인 방법은 이랬어요."

1. 다른 사람에게 요청을 하기 전에, 나의 목표를 뚜렷하게 정의하고 그 사람에게 필요로 하는 일이 무엇인지 정확히 파악한다.

2. 대화를 통해 다른 동료의 부서에서 어떤 일이 일어나고 있는지 정보를 얻는다. 그리고 대충 짐작하는 것이 있으면

질문을 통해 확인한다. 어쩌면 그 사람은 마감시간에 쫓기고 있을 수도 있고, 방금 출장에서 돌아와서 처리해야 할 일이 산더미 같을 수도 있다. 상대방의 사정을 늘 물어보고, 다른 사람의 입장에서 이해하려고 노력한다.

3. 일단 상대방의 상황을 알게 되면, 서로 동의할 수 있는 기한을 정하고 그 사람의 노력을 유도하여 헌신적으로 일을 처리하도록 만든다. 물론 내 사람이 아닌 사람을 다루는 일은 쉽지 않지만, 앞의 단계들을 충분히 고려하면 상대방과의 충돌을 피하고 서로 얼굴 붉히는 일이 없을 것이다. 일이 끝날 때까지 효과 만점이다!

수잔의 제안은 겉으로 보기에 시간만 잡아먹는 일 같았다. 하지만 수잔이 이 일에 시간을 투자했다면 나도 역시 그럴 가치가 있을 것이라 생각했다.

"수잔의 말이 절대적으로 맞아요. 나는 사실 아주 급하게 밀어붙이기만 했어요. 내가 항상 일방적으로 의견을 퍼부었다면, 당신이 제안한 것은 일방적인 요구가 아니군요. 당신이 여러 번 말했듯이, 중요한 것은 바로 상호 간의 긴밀한 관계인 것 같아요."

수잔이 말했다. "테일러, 우리가 먼데이 모닝 미팅을 하기 전에 이렇게 물은 적이 있었죠? 왜 우리 회사가 일하기 좋은 회사로 유명하게 되었는지 말이에요. 그 이유를 알려드리죠. 바로 우리 회사의 CEO, 데이빗 때문이에요. 데이빗은 우리가 함께 협력해서 일해야 할 때, 모든 사람들의 관점을 확 바꾸어 놓아요.

오늘날의 기업 환경을 따라가기 위해서는 우리 모두 새로운 마인드를 가질 필요가 있어요. 어떻게 해야 부서를 넘나들며 일을 할 수 있는지 기존의 사고를 변화시켜야 해요. 위에서 아래로의 수직적인 이동이 아니라 서로 같은 위치에서 수평적으로 협력할 수 있도록 말예요. 그럴수록 당신의 표현대로 '내 사람이 아닌 사람 다루기'가 더욱 더 절실하게 된답니다."

"당신 회사 CEO의 비결이 궁금한데요?"

"그래요, 당신에게 도움이 될 거예요. 데이빗은 명령하고 하달하는 식의 경영 방침은 더 이상 효과가 없다는 것을 잘 알고 있었어요. 아랫사람들에게 업무의 모든 단계마다 지시하고 통제하려는 낡은 방식 말예요. 이제 우리 회사의 관리자들은 권한을 이행 받아 더욱더 큰 책임을 지고, 수평적으로 사고하고, 전 시스템을 염두에 두면서 일하고 있답니다.

우리는 이제 부서를 넘어서 서로 협력하며 일하는 데 더욱더 큰 노력과 관심을 기울이고, 서로 착실하게 관계를 형성해가고 있어요. 사람은 자신이 잘 알고, 믿을 수 있고, 좋아하는 사람에게 긍정적으로 반응해요. 불변의 진리죠. 우리 회사에서는 모든 직원들이 회사 전체의 목표를 이해하려고 헌신적으로 노력하고, 우리의 업무가 고객들을 어떻게 만족시킬 수 있을 지 고민하죠. 데이빗은 이를 가리켜서 '고객중심의 사고'라고 불러요. 모든 부서가 어떤 식으로 고객에게 봉사할 수 있을지 생각하는 거예요. 이런 마인드로 일을 하면 어떤 부서든지 서로 협조적으로 일할 수밖에 없어요. 이런 기업 문화는 부서와 부서를 넘어 고객과 회사 등 여러 단계에서 윈 – 윈 Win-win 관계를 형성합니다."

정말 새로운 기분이었다! 지금까지 땅 위의 작은 개미처럼 내 앞의 업무만 해치우고 있었다면, 지금은 마치 저 높은 나무 꼭대기에 올라가 전체적인 숲의 정경을 보는 기분이었다. 나는 처음으로 내가 하는 업무의 새로운 의미를 발견하고 전적으로 동감하고 또 이해하고 있었다.

"관리자로서 테일러 당신은 당신 팀의 일에만 급급하여 관심을 둘 게 아니라, 회사 전체가 돌아가는 과정에 대해서도 생각하고 그것이 궁극적으로 고객과 어떻게 연결될 수 있는지 살펴보아야 해요. 그러기 위해서는 당신과 당신의 팀원들이 자신의 여러 가지 역할에 대한 책임을 질 수 있을 만한 존재가 되어야 합니다.

테일러, 전체를 보는 안목이 중요한 이 때에 자기 자신의 성과에만 집착해서 남의 요청에 협력하지 않으려는 사람은 더 이상 성장할 수 없어요. 모든 직원들은 회사가 꿈꾸는 궁극적인 목표에 협력할 필요가 있답니다." 수잔은 포인트를 짚을 때마다 내 얼굴을 똑바로 바로 보며 탁자에 바싹 몸을 붙여 강조해나갔다. 수잔 자신이 이 대목을 얼마나 중요하게 생각하는지를 잘 알 수 있는 태도였다.

"첫째, 모든 직원들이 회사의 큰 그림을 이해하도록 만드세요. 고객을 위한 가치를 창출하기 위해서 어떻게 해야 할까요? 상식적으로 생각하자면 고객 만족도는 기업 내 모든 부서의 노력으로 형성되기 때문에, 당신의 팀 역시 부서 간의 경계를 뛰어넘어 적극적으로 상호작용을 해야 합니다. 그런데 만약 부서 간의 실행 중에 결함이 생기면 재빨리 그 결함을 메워야 해요. 그래야 고객의 입장에서는 그 결함이 보이지 않게 됩니다.

둘째, 일단 큰 그림이 만들어지면, 당신이 모든 의사결정을 할 필요는 없어요. 물론 시간도 없구요. 관리자로서 당신의 일은 비즈니스 전반에 대해서 이해하고 각 단계의 일이 어떻게 진행되고 있는지를 파악하는 거예요. 당신은 관리자니까 세부적인 것은 팀원에게 맡기고 의지하세요. 팀원들에게 모든 비즈니스의 실무부터 가르치는 거죠. 팀원 모두가 자신들의 다양한 업무를 처음부터 끝까지 스스로 수행할 수 있도록 '만능'이 되게 만들어요.

셋째, 의사소통은 최대한 많이 하도록 해요. 의견을 주고받는 것이 끊이지 않도록 다양한 방법을 이용하는 것이 좋아요. 메모를 사용하거나, 직접 대화하거나, 이메일을 보내거나, 인스턴트 메신저 등을 이용해서 정보가 항상 자연스럽게 이동되도록 하세요. 팀원들과 늘 가까이 접근할 수 있어야 합니다. 또한 일방적인 의사소통이 되지 않도록 의견을 교환하고, 늘 주의 깊게 들어주는 청자가 되세요. 여러 명의 사람들이 전체 업무 중 일부분만을 다루고 있기 때문에 전체를 알 필요가 있는 당신으로서 그들과의 의사소통은 아주 중요해요."

"와우! 늘 그랬지만, 당신이 하는 말 모두가 아주 완벽해요." 나는 수잔의 말에 전적으로 동의하며 말했다. "수잔이 말하고자 하는 바를 잘 알겠어요. 관리자로서 오직 팀을 관리하는 일에만 그치지 말고, 팀원들이 다른 부서의 동료들까지 잘 다룰 수 있도록 도와주라는 거죠? 나 역시 내 사람이 아닌 사람을 관리하는 것처럼 말예요. 사실 참 간단해 보이지만, 당신의 조언 하나하나가 다 진실인 것 같아요, 수잔."

그러자 갑자기 머릿속에 또 다른 질문거리가 떠올랐다. "주변의 사람들을 관리한다고 하니 갑자기 또 골치 아픈 일이 생각나네요. 도대체 내 상사는 어떻게 해야 하죠? 입사 첫

날부터 도대체 종잡을 수 없었던 것 하나가 바로 이거예요."

"테일러, 상사와의 관계 역시 상대방의 입장이 되어보는 것부터 시작하면 돼요. 당신이 브랜든과 협력해서 일해야 하는 것처럼, 당신의 상사가 필요로 하는 일들을 예견하고 그가 원하는 것, 이익이 되는 일을 얻을 수 있도록 도와주는 것은 어때요? 이렇게 한번 생각해보죠. 당신은 팀의 관리자인데, 만약 팀원들이 정말 중요한 업무를 기한까지 마치지 못했다면 당신은 어떻게 할 건가요?"

"오, 그런 일은 절대 안 되죠. 화가 나는 것은 물론이고, 할당량을 마치지 못한 사람에게 그에 대한 책임을 지게 할 거예요." 나는 강하게 주장했다.

"좋아요. 그럼 그 사람이 일을 끝내도록 만들던가, 아니면 당신이 직접 처리하겠죠. 그렇죠?" 수잔이 짐작한다는 듯이 물었다.

"맞아요!"

"자, 그렇다면 아랫사람이 당신에게 굉장히 중요한 일과 어려워하는 일이 무엇인지 미리 알고, 당신의 업무뿐만 아니라 당신보다 두 단계나 직급이 높은 상사가 염려할 만한 일까지 깔끔하게 끝내놓는다면 정말 멋지지 않을까요? 그 사람에게 홀딱 반하겠죠?" 수잔이 물었다.

"그런 직원이 우리 팀이라는 데 의기양양하겠죠. 그런 성과를 낸 사람은 승진 후보자 제1위가 될 거예요." 나는 수잔이 무슨 말을 하는지 이해하고 스스로 답을 만들어나갔다. "수잔, 그럼 내가 상사를 어떻게 대해야 할지 제대로 이해하고 있는지 봐주세요. 당신이 말한 대로라면 이런 방법이 좋겠죠.

상사가 필요로 하는 일을 미리 예상하고 상사가 필요하고 원하는 일을 완료할 수 있게 도우며, 나보다 두 단계 높은 직급의 상사까지 만족시킨다는 각오로 문제를 해결하고, 내 상사가 집중해야 할 부분이 무엇인지 이해하며, 상사 앞에 놓인 과제나 어려움이 무엇인지 알고, 상사가 간단히 사인만 하면 될 정도로 일을 처리한다. 어때요?"

"맞았어요." 수잔은 이렇게 이야기하고 시계를 보았다. "휴, 오늘 아침에는 너무나 많은 것을 다루었군요. 힘들긴 했지만 오늘 우리의 이야기는 당신이 관리자로서 효율을 높이는 데 아주 큰 도움을 줄 거라고 확신해요.

사실 우리가 논의했던 모든 문제와 제안들은 우리 회사가 현재의 멋진 회사가 되는 데 큰 도움을 주었죠. 테일러, 이번 주에는 당신의 관리자 역할을 세 단계로 생각해보세요. 첫째, 팀원들을 비롯해 아랫사람들 관리하기, 둘째, 수평적 관계의 동료들 관리, 셋째, 자기보다 높은 지위의 상사 관리. 즉 아래, 옆, 위 이렇게 세 단계로 말이에요.

당신에게는 영향력을 발휘해서 남을 움직이는 능력이 있으니까 모든 사람들을 쉽게 이끌 수 있을 거예요. 당신은 충분히 할 수 있어요, 테일러." 수잔은 자리에서 일어서면서 내 팔을 살짝 잡았다. "자, 이제 일하러 갑시다. 이번 주에도 할 일이 많겠군요. 한 번에 하나씩, 작은 것부터 실천해보세요. 그럼 수요일에 뵙죠!"

나는 스타벅스를 나오면서 에너지가 충만해지는 것을 느꼈다. 수잔은 내가 예전에는 단 한 번도 생각해보지 못했던 관리자의 역할에 눈을 뜨게 해주었다. 각 단계에 속한 사람들을 관리하려면 분명 기술이 필요하다는 것을 잘 알게 되었다. 뛰어난 리더가 되기 위해서 앞으로 해야 할 일이 많은데 여기서 주저앉을 수 없었다! 물론 전혀 걱정되지 않는 것은 아니지만 문제가 있으면 해결해야 하지 않겠는가? 내 미래를 위해서라면 기꺼이 수잔의 충고를 실천할 것이다. 한 번에 한 단계씩 천천히!

골칫덩이 협력자들
내 사람이 아닌 사람을 다루려면

1. 큰 그림, 최종의 목표를 그릴 수 있는 안목으로 팀을 관리한다.

2. 내 사람이 아닌 사람을 다룰 때는 고압적으로 명령하거나 일방적으로 요구하지 말고, 영향력을 발휘하여 원하는 방향으로 이끈다.

3. 상사에게 필요한 일이 무엇인지를 예상하고 그의 목표를 달성할 수 있도록 돕는다.

4. 항상 두 단계 높은 직급의 상사를 만족시킬 수 있을 정도로 일을 해결한다.

비즈니스 세계의 생존법칙
변화무쌍 래플렉시티에서 살기

다섯 번째 주 월요일 아침, 스타벅스에는 커피 한 잔으로 아침을 시작하려는 사람들로 가득 차 있었다. 나는 주문한 커피를 받아들고 상쾌한 아침공기를 마시고 싶어서 바깥에 마련돼 있는 테이블에 자리를 잡았다. '스타벅스의 팬이 이렇게나 많다니, 정말 놀라워!' 나는 속으로 이렇게 생각했다. 한편 매장 안에 수잔의 모습은 보이지 않았다. 그녀를 기다리며 신문의 헤드라인을 읽고 있는 순간, 수잔이 나타났다. 평상시처럼 단정한 옷차림에 완벽한 모습이었다.

"미안! 당신과의 약속이 아니었으면 못 일어났을 거예요." 수잔은 탁자에 가방을 내려놓고 커피를 주문하러 갔다. 잠시 후 수잔이 테이블로 돌아오는 모습을 보면서, 지난 몇 주간 수잔이 나에게 얼마나 큰 도움이 되었는지 새삼 고마운 마음이 들었다. 나도 언젠가는 다른 사람에게 수잔처럼 도움이 될 수 있다는 생각을 하자 괜스레 신이 났다. 경험이야말로 인생 최고의 선생이라고 확신했다.

"테일러." 수잔이 먼저 말을 꺼냈다. "지난 주에는 여러 가지 생각할 거리가 많았을 텐데요. 브랜든과는 어떻게 됐나요?"

"당신의 충고가 얼마나 큰 도움이 됐는지 상상도 못할 거예요!" 나는 아주 자랑스럽게 말을 꺼냈다. "알고 보니 브랜든의 부서도 나름대로 중요한 문제를 해결하려고 고생하던 중이었어요. 그의 상사가 승진하는 바람에 브랜든의 부서는 누가 새로운 상사가 될지 기다리고 있었대요. 외부에서 누군가 영입될 거라는 말이 있었나 봐요.

사실 브랜든은 모호하게 일을 처리하는 타입이 아니에요. 오히려 흑이면 흑, 백이면 백, 똑 부러지는 스타일이라고 할 수 있죠. 그런데 아직 상사가 정해지지 않은 상황이라서 일이 제대로 손에 잡히지 않았나 봐요. 물론 그 자체가 변명거리가 될 순 없지만, 적어도 브랜든은 나한테 솔직하게 상황을 설명했죠. 그래서 나는 내가 요청했던 보고서가 왜 그 시간까지 필요한지 설명했고, 그는 바로 사과했어요. 다음번에는 분명 시간을 지키겠다고 약속했고요. 솔직하게 대화했기 때문에 앞으로 우리 관계는 더 견실해지리라 생각해요. 수잔 당신이 말한 그대로에요."

"잘됐군요! 그가 사과할 줄 아는 사람이라 다행이에요."

"그리고 또 하나 어마어마한 소식이 있어요. 지난 주 우리 회사가 어떤 일들을 겪었는지 알면 아마 못 믿을 거예요. 우리 회사가 다른 회사와 합병될 예정이라고 해요. 그것도 우리 업계에서 최고의 경쟁자랑 말이죠. 믿겨지나요? 난 이제 막 날아오르려고 하는 참인데, 앞으로도 내 자리를 유지할 수 있을지 어쩔지 모르겠어요. 이런저런 소문은 아주 빠르게 퍼져나가는데 우리 팀에게 뭔가 시원하게 해줄 말이 없어요. 나도 제대로 아는 것이 없는 걸요. 절망적이에요." 수잔은 깜짝 놀란 표정을 나를 바라보았다. 나는 한숨을 쉬며 이야기를 이어나갔다.

"우리 팀원들은 도대체 회사가 어떻게 돌아가고 있는지 알고 싶어서 내 얼굴만 쳐다 보고 있는 형편이에요. 그런데 저도 아는 것이 없고 팀원들이 원하는 정보를 줄 수 없으니 무력감을 느껴요. 게다가 더 안좋은 사실은 내가 구체적인 정보를 입수하기도 전에 합병이 이루어질 거라는 사실이에요.

아니 어떻게 간부들은 직원들에게 이렇게 중대한 일의 진행상황을 알리지도 않고 진행시킬 수 있는 거죠? 그들은 우리가 구체적인 정보나 확답을 얻지 못했는데도 여전히 일에만 집중하길 기대해요." 분한 마음을 진정시키기 위해 나는 잠시 숨을 골랐다. 정신이 돌아오자 내가 너무 흥분했다는 생각이 들었다. 수잔이 미처 대꾸하기도 전에 내 말만 쏟아 내었던 것이다. 놀랍게도 수잔은 침착하게 내 말을 다 들어 주었다.

"그게 오늘날 비즈니스 업계의 현 주소에요." 수잔이 비로소 입을 열었다. 수잔은 차분한 목소리로 내 말에 전혀 놀라워하는 눈치가 아니었다.

"테일러, 우리는 래플렉시티 *Raplexity*의 세계에 살고 있어요. 낯선 단어죠? 나는 이 단어를 최근에 참석했던 어떤 세미나에서 배웠답니다. 이 말은, 우리는 현재 아주 빠른 속도로 변해가는 비즈니스 환경에서 살고 있고, 무엇인가 변할 때마다 더 많은 변화가 더 복잡하게 일어난다는 뜻이에요. 변화는 빠르게 일어난다는 것과(Rapid), 그때마다 더욱더 복잡하게(Complex) 변한다는 요즘 시대의 두 가지 특징을 합성한 단어죠. 나는 이 단어가 아주 마음에 들어요. 당신은 어때요?"

나는 수잔이 전해주는 새로운 정보가 마음에 와 닿았다.

"나도 작년에 우리 회사가 합병될 때 당신과 비슷한 좌절감을 겪은 적이 있어요." 수잔은 잠시 후 말을 이어나갔다.

"기업 간의 합병과 인수 과정 중에 직원들이 자신의 앞날에 대해 걱정하는 것은 너무나 당연해요. 그 결과로 생산성까지 급격하게 저하되죠.

합병과 인수는 더 이상 낯선 상황이 아니에요. 미국에서는 매년 1만 건 정도의 인수와 합병이 일어난다고 하고, 그 중 75%는 협상 과정 중에 결렬된다고 해요. 테일러 당신 회사가 최종적으로 합병이 될지는 아무도 모르는 일이죠. 당신의 상관들도 마찬가지일 거예요."

수잔은 확신에 찬 듯 대답했다. "내가 이제껏 경험하면서 깨달은 것은, 비즈니스 업계에서는 항상 변화가 일어난다는 사실이에요. 사소한 변화도 있겠지만 괄목할 만한 중요한 변화도 있겠죠. 그것이 합병과 인수의 형태일 수도 있고, 구조 조정일 수도 있고, 조직 재편성일 수도 있고, 조직의 축소 혹은 팽창일 수도 있어요. 오늘날의 기업들은 어느 정도의 조직 크기가 자신에게 딱 맞는지 더 이상 확신할 수 없는 지경에 이른 것 같아요."

수잔은 가볍게 미소 지었다. 나는 회사의 사정에 대해 정서적으로 흥분하여 반응하고 있는 반면, 수잔은 사실에만 초점을 맞추고 객관적으로 말하고 있었다. 나는 내 직업, 우리 부서, 그리고 우리 팀이 정말 걱정되었다. 어쩌면 새로운 상사를 맞을 수도 있고, 최악의 경우 일자리를 잃을 수도 있을 것이다. 이제 겨우 우리 팀이 성장해가고 상사 더그와 함께 잘해나가고 있던 참인데, 왜 하필 지금…. 올해 초 더그와 일하게 되면서 우리는 이제까지 좋은 관계를 유지해왔다. 모든 것이 아쉬웠다.

요즘의 비즈니스 업계에서 일어나고 있는 변화를 생각하면서 나는 말을 꺼냈다. "뭐, 긍정적인 변화라면 다 좋아요. 그렇지만 나는 관리자고 또 우리 팀원들에게 납득할 만한 정보를 줄 수 있어야 한다고 생각합니다. 그래야 직원들이 떠도는 소문에 스트레스를 받지 않게 되죠."

"테일러, 솔직히 말하면 팀원들의 부담감은 당신이 해소해줄 수 있어요. 직원들에게 당신이 아는 만큼만 말하면 되요. '나도 잘 모르겠어요'라고 솔직하게 말한다고 해서 절대 흠이 되진 않아요. 주의할 것은, '하지만 곧 알아낼 거예요' 같은 믿을 수 없는 말은 덧붙이지 않도록 하세요. 사실 관리자들이 하고 싶은 말은 후자라도요. 그렇죠?"

"맞아요! 그런데 우리 팀이 궁금해하는 정보라면 무슨 수를 써서라도 알려주는 게 관리자의 일 아닌가요?" 나는 수잔에게 물었다.

"정확하게 말하자면 그렇지 않아요." 수잔이 대답했다. "자, 한번 생각해봐요. 만약 당신의 상사가 '잘 모르겠어요. 하지만 곧 알아보도록 하죠'라고 말한다면 당신은 어떤 생각이 들까요?"

"글쎄요. 머잖아 상사가 정말로 그 답을 가져다줄 것이라고 생각하겠죠."

"맞아요. 그럼 상사가 해답을 가지고 올 때까지 당신은 무엇을 할까요?" 수잔은 탐문하듯 질문을 이어 나갔다.

"솔직히 상사가 무슨 소식이든 가지고 돌아올 때까지는 어수선해 있을 거예요. 그리고 일의 성과나 생산성도 좋지 못할 테죠. 앞으로 뭔가 변화할 거라는 생각이 들면 일도 제대로 손에 안 잡힐 거예요. 그러면 오직 문제가 생길 것 같은 일에만 집중하게 되겠죠." 나는 대답했다.

"테일러, 이제 당신은 관리자예요. 팀원들이 당신에게 하는 질문 중에는 당신이 대답할 수 없는 것도 있을 수 있어요. 해답이 무엇인지 오리무중인 경우도 생기구요. 그러므로 정직하고 솔직한 태도야말로 최선의 정책이에요. 당신도 제대로 모를 때, '나도 잘 모르겠어요'라고 대답하는 것이 바로 정직한 태도지요.

하지만 당신은 관리자니까 뭔가 중요한 정보를 알게 되면 팀원들에게도 즉시 알려줄 것이라는 점을 확실하게 하고 또 실천하면 돼요. 이건 어때요? 누군가 당신이 모르는 문제에 대해서 물으면 이렇게 이야기하세요. '잘 모르겠어요. 하지만 제대로 된 답을 얻기 전까지 우리가 무엇에 집중하는 것이 좋을까요?'라고 말예요."

수잔은 충고는 아주 효과적이었다. 나는 우리 팀이 궁금해하는 문제에 대해서 늘 명쾌한 답을 줄 수는 없다. 특히 주변에 떠도는 출처를 알 수 없는 소문에 대해서는 더욱 그럴 것이다. 전혀 알 수 없는 일에 대해 과도한 에너지를 낭비할 여력이 없지 않은가?

"아주 훌륭한 답이에요." 나는 대답했다. "팀원들이 나도 잘 모르는 질문을 던질 때 그렇게 솔직하고 발전적으로 대답한다면 죄책감을 느낀다거나 난처해하지 않겠네요. 그리고 정보를 얻을 때까지 업무에 집중할 수 있도록 든든하게 만들어주고요. 정말 멋진 아이디어에요. 아마 이번 주에는 당신의 제안을 실천할 기회가 정말 많을 거 같아요." 나는 말했다.

"그리고 또 하나, 유능한 관리자로서 해야 하는 일이 또 있어요, 테일러." 수잔이 덧붙였다. "당신은 직원들에게 스스로 통제할 수 있는 업무를 주고 그에 집중하도록 도와야 합니다. 생각해보세요. 우리가 일에 대해서 통제력을 가지고 있지 않을 때는 어떤 기분이 드나요?"

"끔찍하죠."

"맞아요." 수잔은 대답했다. "우리는 우리 일에 대해서는 철저히 전문적이잖아요? 우리의 인생, 우리의 목표, 우리의 일에 대해서 전적인 통제력을 가지고 싶어 해요. 그러므로 관리자는 직원들에게 그들 스스로 자신 있게 통제할 수 있는 업무를 주고 동시에 그 사람을 신나게 만들 수 있죠. 심지어 상황이 불확실할 때에도 말예요.

그리고 이 일은 그대로 생산성으로 직결됩니다. 대다수의 사람들은 효율성과 생산성이 높은 직원이 되고 싶어 해요, 그렇지 않아요?" 수잔은 커다란 손동작을 취하며 질문을 던졌다. "그러나 눈만 뜨면 무엇인가 변해 있는 비즈니스 업계에서, 사람들은 무엇을 우선순위에 두고 집중해야 할지 확신하지 못해요. 그러므로 당신은 팀원들이 업무에 집중하지 못하고 방황하지 않도록 세심하게 살필 필요가 있어요. 어느 누구도 미래의 큰 그림을 분명하게 볼 수 없는 때에는 더욱 그렇죠. 당신 회사가 겪고 있는 합병과 인수뿐만 아니라 그 어떤 위기상황에서도 관리능력은 중요합니다."

나는 수잔의 말에 덧붙이듯 말했다. "그러니까 수잔의 요점은, 변화란 기업이 성장하는 과정의 한 부분이라는 것이군요. 이제 충분히 이해가 가요. 나는 그저 우리 팀이 이 변화를 긍정적으로 받아들이고 사기가 너무 떨어지지 않았으면 좋겠어요. 이제는 어떻게 해야 할지 구체적인 방법이 필요해요. 수잔, 지난해 당신은 회사의 합병을 성공적으로 이끌었으니 제가 귀담아 들을 만한 경험담을 말해주세요."

그리고 나는 월요일 아침마다 그랬듯이 수잔의 말을 받아 적을 준비를 했다.

수잔은 맑고 또렷한 목소리로 말했다. "우리 회사의 경영진과 경영 부서는 합병이 유리하게 이루어지도록 노력하는

데 전념했을 뿐만 아니라, 우리 회사의 직원들 전체에게 최대한 빠른 기간 동안 성공적으로 일을 추진시키겠다고 공언했죠. 경영 부서를 포함해 거의 모든 관리자들은 합병이 우리 회사에 어떤 결과를 가져다줄지 분명하게 파악하려고 어마어마한 노력을 기울였어요.

그 과정에서 우리는 회사를 업계에서 원하는 위치에 선점시키고, 앞으로 경쟁에서 밀리지 않을 만한 강점을 갖기 위해서는 합병이 반드시 필요하다는 것을 깨달았습니다. 결국 우리는 더욱 성장해야 했으니까요. 빠르게 변해가는 시장의 요구에 부합하려면 변화하지 않을 수 없는 상황이었죠. 테일러 당신의 회사도 우리와 똑같은 이유 때문에 변화를 시도한다고 생각하지 않나요?"

"그런 것 같아요." 나는 머뭇거리다 대답했다. "하지만 이런 상황에서 우리 팀의 짐을 덜어주려면 관리자는 어떤 일을 해야 할까요? 나는 더 구체적인 해결책이 필요해요."

수잔은 이미 대답을 준비하고 있었다. "테일러, 앞으로 닥칠 변화를 긍정적으로 받아들이겠다고 생각하세요. 우리 회사에서는 합병을 손실로만 보지 않고 하나의 성장기회로 보려고 노력했죠. 앞서 설명했듯이 말예요.

물론 가장 어려웠던 부분은 직원들을 교육시키고 설득시키는 거였어요. 변화란 잠시 머물고 갈 거라는 안일한 기대를 아예 접을 수 있도록 말예요. 직원들을 설득하고 여러 가지 교육 프로그램을 진행시키자, 긍정적인 변화는 더욱 빨리 진행되었고 모든 직원들은 합병이 성공적으로 이루어지는 데 큰 역할을 하게 되었죠.

물론 회사의 모든 직원들이 변화를 받아들이게 하기까지는 결코 쉽지 않았습니다. 당신의 팀원들도 쉽게 변화를 받아들이고 적응하지는 않을 거예요. 아마 저마다 자신들의 신상에 관한 문제로 상심이 클 겁니다. 그 점은 충분히 예상하는 게 좋을 거예요."

수잔은 잠시 숨을 고르더니 이내 다음 내용으로 넘어갔다. "합병뿐만 아니라 조직에서 일어나는 모든 변화의 가장 중요한 부분은 활발한 의사소통이에요. 이렇게 조직이 변화무쌍할 때, 직원들이 귀를 쫑긋 세우고 집중하는 사람은 딱 두 사람이에요. 바로 CEO와 직속상관이죠. 아마 각 부서마다 듣는 메시지는 다를 겁니다. 그래서 나는 부서의 경계를 넘어 최대한 다양한 방법으로 의사소통을 시키려고 무진 애를 썼어요." 나는 수첩에 쓴 '의사소통'이라는 단어의 의미를 곰곰이 생각했다.

"우리는 항상 직원들이 궁금해하는 것을 알려주려고 노력했어요. 우리 회사의 CEO인 데이빗은 한 달에 한 번 화상회의를 열어 늘 새로운 정보를 주곤 했죠. 그리고 각 부서의 리더들도 회의를 열어 직원들이 의문사항을 직접 물어보고 대답을 듣는 자리를 마련했고요. 관리자들은 팀원들이 회의를 통해서 저마다 잠재되어 있는 불만이나 저항을 밖으로 표출시킬 수 있도록 유도했답니다. 불만이 뭔지 알아야 해결책을 제시할 수 있잖아요? 조직의 변화를 성공적으로 이끄는 데 있어 가장 큰 장애물은 바로 직원들의 불만과 저항이에요. 우리는 직원들이 저항하는 데 세 가지 이유가 있다고 보았어요. 첫째는 변화에 대한 인식부족, 둘째는 현재의 방식이 주는 편리함, 마지막으로 불확실한 것에 대한 두려움이요.

그래서 우리는 사소한 것이라도 새로운 정보를 얻게 되면 주저 없이 직원들에게 모든 것을 전했어요. 해답을 모를 때는 모른다고 솔직하게 말하기도 했죠. 지속적으로 의사소통이 이루어진 덕분에, 직원들은 변화의 과정에서도 회사에 대한 신뢰를 저버리지 않고 훨씬 더 안심하게 되었어요.

만약 우리가 직원들과 터놓고 의사소통을 하지 않았다면 사람들은 과연 어떻게 행동했을까요?"

나는 이 질문이 더 큰 교훈의 시작이 되리라는 것을 직감했다.

"아마도 자기 멋대로 짐작하고 생각했겠죠. 별의 별 소문들이 회사를 떠돌았을 거예요." 나는 잠시 생각한 후에 대답했다. "사실 우리 회사가 지금 그런 상황이에요." 나는 딜레마에 부딪히게 되었음을 깨달았다.

"맞아요. 테일러. 내가 왜 그렇게 자유로운 의사소통을 강

조하고 꼭 필요하다고 하는지 깨닫게 될 거예요." 테일러는
커피 한 모금을 마시고 말을 이었다.

"우리가 회사와 직원 간의 의사소통을 유도한 다음에 초점
을 맞춘 것은 바로 생산성이에요. 생산성의 특성을 그린 곡
선이 있어요. 조직이 변화하는 동안에는 주로 이런 형태를
띠죠." 수잔은 수첩에서 종이 한 장을 찢어서 아래와 같은 그
림을 그렸다.

• 조직변화에 따른 생산성의 변화 과정

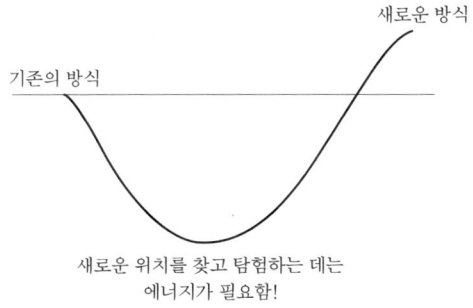

수잔은 그녀가 설명할 내용을 시각적으로 표현했다. 도표
만 보고도 무슨 말을 하려는지 짐작할 수 있었다.

"테일러, 당신이 관리자로 승진하고 첫 출근을 했던 그 날
을 기억해보세요." 수잔이 말했다. "당신은 한 명의 직원에
서 관리자가 되었어요. 굉장히 기뻤겠죠. 그럼에도 당신이

일했던 편안하고 성공적이었던 자리에서 관리자의 자리로 이동했을 때 적응하기가 쉬웠나요? 새로운 임무를 수행하고, 새로운 업무에 익숙해지는 과정에 집중을 할 수 없었다거나 생산성이 떨어지지는 않았나요?"

나는 옛 기억을 떠올렸다. "맞아요. 이 그림이 의미하는 것이 무엇인지 잘 알겠어요. 사실 나는 아직도 새 위치에 적응 중인 것 같아요. 그런데 이 곡선은 너무 심할 정도로 움푹 들어간 것 같은데요? 나는 이 정도로 생산성이 저하된 적이 없었어요! 업무에 충실했다구요." 나는 말했다.

"물론 당신의 노력은 안 봐도 알아요." 수잔이 말을 이어갔다. "그렇지만 테일러 당신도 새롭고 낯선 일을 책임지게 되었을 때, 어느 정도 에너지가 고갈되는 듯한 경험을 했을 거예요. 그렇지 않나요?"

"음, 사실이에요."

"갑작스러운 변화 때문에 익숙했던 예전의 방식과 문화, 예전에 실행하던 것들과 결별하고 낯선 환경과 새로운 방식을 익혀야 할 때는 누구나 어려움을 느껴요. 나의 경우 우리 회사가 새로운 변화에 적응하는 동안, 우리가 느꼈던 어려움은 직원들이 예전의 방식을 완전히 버리도록 하는 것이었죠.

그리고 그 다음에 새로운 변화의 국면에서 일어날 수 있는 혼란과 좌절감 등 부정적인 에너지를 없앨 수 있도록 도와주었어요. 경영진들은 합병과 같은 전사적인 변화가 있을 때 직원들이 부정적인 모습을 보이는 것은 자연스럽다고 인정했죠. 그래서 직원들이 기존의 방식을 버리고 앞으로 이렇게 전개되리라 예상되는 방식으로 순조롭게 이동하고 적응할 수 있도록 최선의 노력을 다했답니다."

수잔이 덧붙인 내용은 이랬다. 변화가 진행되는 과정에는 어떤 것 하나 저절로 진행되는 것이 없고, 모든 면에서 더 깊이 생각하고 더 많은 시간과 에너지를 투자해야 하므로 모든 것이 어렵게 느껴지는 법이라는 것이다. 또한 상당수의 중간관리자들도 이런 변화의 과정을 거부한다고 했다. 그 이유 중 하나는 과중한 업무량과 그에 따른 책임감 때문이고, 또한 현재 갖고 있는 관리자로서의 권한을 잃을 수도 있다는 두려움 때문이라고 한다.

수잔은 경고성 충고도 잊지 않았다. "그러니 테일러, 이런 시기를 주의해야 해요. 이 순간에 무엇보다 중요한 것은 바로 관리자의 태도입니다. 당신의 팀은 이런 상황에서 당신의 반응 하나하나도 놓치지 않고 유심히 지켜볼 거예요. 당신의 반응에 따라 앞으로 어떻게 해야 할지 실마리를 찾기 때문이죠."

수잔은 계속 말을 이어갔다. "그리고 마지막으로, 우리 회사는 직원들이 새로운 방식, 새로운 시스템, 새로운 절차를 자연스럽게 받아들이도록 적극적으로 도왔어요. 그리고 새로운 변화가 가져다주는 이점이 무엇이며 어떻게 이용할지에 대해서도 보여주었습니다. 이런 교육을 약 6개월 동안 지속했는데, 합병 같은 큰 변화가 성공적으로 진행되려면 이 정도의 기간은 필요하다더군요. 6개월이라면 짧다면 짧은 시간인데 우리 회사는 이 기간을 잘 넘겨 생산성이 떨어지는 기간을 최대한 단축시키면서 순조로운 변화를 완성시켰죠."

"그렇다면 '새로운 방식' 이라는 글자가 쓰여 있는 곳부터 곡선이 위로 올라가는 것은 무슨 뜻인가요?" 나는 수잔에게 물었다.

"간단해요. 우리에게 변화가 반드시 필요했다면 생산성은 당연히 변화 전보다 물론 월등히 나아져야 되지 않겠어요? 테일러 당신이 뭘 묻고 싶은지 잘 알아요. 어떻게 그렇게 했냐는 거죠?" 나는 웃으며 고개를 끄덕였다.

"먼저, 우리는 직원들이 맡은 우선순위의 업무에 집중하도록 유도했어요. 비즈니스에서 생산성은 반드시 보호되어야 해요. 두말할 필요가 없죠. 그리고 우리는 업무가 정확하게 진행되도록 강요하는 것보다, 해야 할 업무에 우선 집중하는 것이 더 중요하다고 보았죠."

"수잔, 지금 나에게 속성 MBA 과정을 강의하는 거죠?" 나는 웃으며 물었다. 수잔의 이야기는 그 어느 MBA에 가더라도 들을 수 없는 귀중한 것이라는 것을 잘 알았다. "계속해주

세요. 아주 중요한 문제인 것 같아요." 나는 수잔을 재촉하고
는 가능한 한 빨리 그녀의 말을 받아 적으려고 준비했다.

"재구성과 통합의 과정을 거치고 새로운 프로세스를 확립
시키는 과정에서 관리자들은 예전보다 더 세부적인 지침과
진행방향을 지시해야 했죠. 모든 직원들은 각자 해야 할 일
들을 정확히 나누었고 그에 따른 책임도 명확히 했죠. 어느
것도 애매모호하게 남지 않도록 말이에요. 직원들은 자신이
맡은 '핵심과제'에 집중했습니다. '핵심과제'가 뭐냐고요?
우리 회사의 목표와 고객에게 가장 중요한 일들이죠.

우리가 양동이를 채울 때 제일 먼저 넣었던 돌멩이 기억나
죠? 회사가 거대한 변화를 겪을 때, 우리는 우선 돌멩이에 해
당되는 궁극적인 목표를 정하고 직원들에게 '가장 중요한
일'이 무엇인지 주지시켰죠. 만약 다른 부서의 누군가가 우
리 부서의 직원에게 우리의 '핵심과제'와 상관없는 일을 부
탁할 때면 먼저 관리자들이 나서서 'No!'라고 대답했어요.
다른 때도 아니고 이런 불안정한 때는 사소한 일에 신경 쓸
겨를이 없으니까요. 물론 효과 만점이었어요. 직원들은 직원
들대로 자신이 회사의 '핵심과제'에서 중요한 부분을 차지
한다는 자부심을 갖게 만들었으니까요."

"자신이 회사에서 중요한 역할을 맡고 있다는 것을 느끼게
하라는 거죠?"

"맞아요. 우리는 또 직원들에게 단기간의 목표에 몰입하도록 했습니다. 오랜 시간이 소요되는 장기적인 목표는 시간과 노력면에서 너무나 많은 수고가 요구되죠. 그리고 장기적인 목표는 늘 예상하고 추측하는 일이 포함되기 때문에 긴급한 변화가 이루어지는 상황에서는 적합하지 않아요. 우리는 각 팀들이 단기간의 목표를 설정하고 성취함으로써 자신감을 회복하길 원했죠. 그리고 실제로 그들은 자신감을 얻었어요. 날이 갈수록 직원들의 에너지가 넘치고 사기가 넘쳤죠.

단기간의 목표가 성취되면, 우리는 아주 사소한 방식으로도 그 성취를 인정하고 축하해주었어요. 팀원들이 모두 모여 점심식사를 함께 한다거나, 서로 안마를 해준다거나, '핵심 과제는 핵심적으로 하라!' 는 문구가 새겨진 멋진 티셔츠를 선물로 주기도 했죠."

나는 남은 커피를 마저 마셨다. "수잔의 이야기는 우리 회사가 본받아야 할 이상적인 모습인 것 같군요. 당신의 경험담을 듣게 되어서 정말 기뻐요, 수잔. 그런데 당신이 생각하기에 이런 변화의 시기에 한 사람의 낙오도 없을 수 있을까요? 지금 우리 회사에는 너무나 많은 소문이 떠돌아다니고 있어요. 사람들이 변화에 대해 직접적인 거부감을 보이고 있죠. 단순히, 이제껏 몸담은 세계가 완전히 뒤죽박죽이 되는 걸 좋아하지 않는 것 같아요. 우리 회사의 합병을 바라보는 대부분

직원들의 시각은 이렇게 부정적이랍니다. 저를 포함해서요."

"테일러, 당신은 관리자에요. 그렇기 때문에 싫더라도 행복하고 즐거운 표정을 지어야 해요. 물론 미래에 대한 불확실성과 두려움을 관리하기란 힘든 일이란 거 잘 알아요. 그러나 직원들은 일 분 일 초도 빼먹지 않고 당신의 반응을 주시하고 있다는 사실을 명심하세요.

합병을 하는 가장 큰 목적은 회사의 이익을 더욱 확장시키기 위해서잖아요. 물론 어떤 것은 당신에게 별 도움이 되지 않는 것도 있겠죠. 그렇다 하더라도 경영의 묘미란 변화를 효과적인 것으로 이끌고 나가는 데 있는 것 아니겠어요? 내 결론이에요!" 수잔은 끝마디를 강조하며 말했다.

나는 미소를 지으며 대답했다. "네, 관리자의 임무에 충실하겠어요. 당신도 알다시피 나는 아주 낙관적이거든요."

"맞아요, 테일러. 그리고 그런 낙관적인 태도를 유지하려면 당신의 시간을 어디에, 누구에게 쓰고 있는지에 대해 인지하는 것이 좋아요. 이것 보세요." 그리고 수잔은 뭔가를 종이에 썼다.

20% – 챔피언
50% – 관망자
30% – 저항자

"전문가들이 말하길, 사람들이 변화에 접근하는 태도는 세 가지로 분류할 수 있다고 해요. 20%의 사람들은 챔피언으로서, 변화의 의미를 파악하고 지지합니다. 이런 직원들은 관리자를 도와주고 일이 순조롭게 진행될 수 있도록 에너지를 쏟아요. 또 자신의 목표뿐만 아니라 조직이나 회사가 성취하고자 하는 큰 목표까지 가늠하여 결과를 도출하도록 노력하죠. 그 사람들은 오히려 합병 소식에 기뻤을지도 몰라요. 자신 앞에 놓인 새로운 기회를 놓치지 않는 능력이 있으니까요.

50%의 사람들은 관망자예요. 이 사람들은 자신들이 감당할 수 없는 일에 적극적으로 나서지는 않지만 어떤 방향으로 진행되는지 주시하고 있죠. 아직 어떤 방향으로 나아가야 할지 결정하지 않은 사람들이기 때문에, 변화에 동참하기 전에 더 많은 정보를 얻으려고 가만히 관망합니다. 일단 결정을 내려도, 아주 주의 깊게 움직이면서 지금까지 잘하고 있는지 주도면밀하게 고민하죠. 그들은 이런 변화가 자신들에게 무엇을 의미하는지 알아내는 데 시간과 에너지를 쏟아요.

마지막 30%는 아주 도전적으로 변화에 저항하고 전혀 협조하지 않는 고집불통의 저항자죠. 이들은 오히려 변화를 주도하는 사람들을 방해하고 과정 자체를 파괴하려고 하죠. 잘못된 정보를 퍼트리고 온갖 소문을 만들어내는 진원지가 바로 이런 사람들이에요.

자, 테일러. 만약 당신의 팀에 이 세 가지 부류의 직원들이 모두 있다면, 관리자로서 누구에게 시간을 투자해서 관리해야 할까요?" 수잔은 예리하게 질문을 던졌다.

나는 이것이 정답이라는 확신을 갖고 말했다. "아마도 30%의 저항자에게 시간을 투자하겠죠. 그래야 그 사람들이 나머지 팀원들에게 혼란을 주지 못하잖아요. 30%의 부정적인 직원들을 긍정적인 방향으로 이끌어야 한다고 생각하는데요."

"많은 관리자들이 당신과 똑같은 대답을 해요." 수잔이 말을 받았다. "그럼 이렇게 묻죠. 테일러 당신은 저항자라고 생각되는 직원을 구슬려서 좋은 방향으로 이끈 적이 있었나요? 가장 최근에 겪은 경우는 어땠죠? 결과가 어땠어요?"

갑자기 정신이 퍼뜩 들었다. 수잔은 내가 상황을 더욱 현실적으로 바라볼 수 있도록 있도록 질문을 던졌다. 장밋빛으로만 보였던 현실을 그대로 직시할 필요가 있었다!

"음, 그렇게 말하니까 생각나는 여자 직원이 있어요. 그녀는 저항자 30%에 속하는 사람이었어요. 지난달까지 함께 일하려고 많은 노력을 했는데…. 질은 우리 회사에서 아주 오랫동안 근무했던 사람이에요. 나는 관리자로서 그녀가 맡은 업무절차를 개선시키려고 했었죠. 그러자 질은 예전의 방식이 더 낫고, 또 변화를 줘봐야 특별히 달라질 것도 없을 거라고 하면서 걸핏하면 나와 부딪쳤어요. 당신이 내게 말하려는 대로, 무슨 수를 써도 질을 설득할 수 없었어요. 새로운 방식으로 하면 업무를 더 쉽게 해결할 수 있다는 점을 보여주었는데도 말이에요." 나는 솔직하게 털어놓았다.

"그러면 얼마나 오랫동안 그녀를 설득하려고 노력했나요?" 수잔이 다시 물었다.

"사실 너무나 많은 시간을 투자했어요! 이제 수잔 당신의 요점을 이해하겠어요. 그러니까, 당신의 말은 20%의 뛰어난 사람들에게 더 많은 시간을 투자하라는 이야기죠?"

"그렇지 않아요." 수잔은 분명하게 말했다. "관망자에 속하는 50%의 사람들을 입사 지원자라고 생각해보세요. 이 사람들은 당신 회사의 직원이 되기를 기다리고 있죠.

당신의 일은 이 중간그룹에 있는 사람들을 가능한 한 많이 모아 당신이 믿고 신뢰할 만한 '내 사람'으로 바꾸는 거예요. 이들을 끌어들여서 성공적으로 업무를 수행하면 그에 대해서 보상도 해주고요. 당신이 투자할 수 있는 마지막 시간까지 이들에게 투자하면 당신의 에너지도 넘쳐나게 될 거예요. 50%의 관망자, 즉 방향을 정하지 못한 사람들이야말로 당신의 노력에 따라 긍정적으로 변할 수 있는 사람들이에요.

30%에 속한 사람들에게 시간과 에너지를 쏟는 것은 낭비입니다. 그 사람들이 긍정적인 사고를 하든 부정적인 사고를

하든 그들의 선택으로 남겨둬요. 더 이상 회사의 주목을 받지 못한다는 것을 알게 되면 둘 중 하나를 선택하겠죠. 해고되거나 아니면 스스로 그만두거나. 둘 다 그들이 초래한 결과에요. 그러니 다시 직원을 채용하는 마음으로 그들을 당신 편으로 만들어요. 테일러, 당신에게는 바로 그 사람들이 필요해요."

"수잔, 한 가지만 더요. 이제 미팅시간이 얼마 남지 않았다는 것을 알지만요, 당신은 회사가 합병될 때 개인적으로 스트레스를 받지 않았나요? 물론 결과는 좋았지만요."

"물론 나도 힘들었죠. 그래서 내가 할 수 있는 최선의 일은 내 스트레스를 통제할 수 있는 방법을 찾는 것이었어요. 회사가 합당한 이유로 의사결정을 했을 때, 나는 팀원들이 그 결정에 충분히 협력하도록 만드는 방법을 발견했죠.

내가 동의하든 동의하지 않든, 변화를 거부하면 스트레스만 받잖아요. 오히려 나는 변화를 맞았을 때 '왜' 라는 질문을 잊어버리는 것이 훨씬 더 낫다는 것을 깨달았어요. 특별히 비즈니스의 관점에서 말이에요. 그래서 변화의 편에 서도록 모든 노력을 기울였죠. 놀라운 것은, 변화를 받아들이자 나를 기다리고 있을 여러 가지 가능성들이 보였다는 점이에요."

수잔은 여기까지 말을 마치고 떠날 채비를 했다. "내 말이 이해가 되나요? 아니면 미팅 하기 전보다 더 혼란스럽나요?" 수잔은 간단하게 물었다.

나는 깊게 숨을 들이쉬었다. "글쎄요. 진실을 말하자면, 관리자라면 누구에게나 이 일은 쉽지 않은 것 같아요. 하지만 당신은 내게 이 상황을 새롭게 이해하고 관리할 수 있는 새로운 방법을 제시해주었어요. 그 점만은 확신해요."

스타벅스를 나서면서 수잔을 다음과 같이 덧붙였다. "테일러, 매주 이렇게 당신과 함께 시간을 보내는 것이 내게도 아주 유익하다는 사실을 알아주었으면 해요. 당신과 함께 관리자로서의 전략들을 이야기하면서 다시 한 번 나 자신에게도 되새길 수 있거든요. 다음에 만나 이번 주에 겪는 일들에 대해서 이야기해줘요."

"사실 할 일이 너무 많아서 어디서부터 시작해야 할지 막막하기도 해요." 나는 대답했다.

"먼저 내가 어떤 부류의 직원들에게 시간과 에너지를 쓰고 있는지부터 살펴봐야겠어요. 또 직원들이 정서적으로 무엇을 느끼고 있는지 안다면 그들의 말에 더욱 귀를 기울이고 도울 수 있겠죠. 너무 걱정하지 마세요. 나를 위해서라도 이 일은 꼭 해결하고 싶어요. 물론 기대만큼 미치지는 못하고 있지만요. 오늘 충고 정말 고마워요. 좋은 한 주 보내요, 수잔."

나는 회사에 회의가 잡혀 있어 급히 자리를 떠났다. 그러나 다행히 마음 한 편은 내 앞에 놓인 난관을 넘을 수 있는 유용한 도구를 얻었다는 사실에 안심이 되었다. 테일러 그랜트, 이제 정신 차리고 앞으로 나가자!

비즈니스 세계의 생존법칙
변화무쌍 래플렉시티에서 살기

1. 정말 모를 때는 '잘 모르겠는데요' 라고 말해도 좋다.
2. '핵심과제' 가 무엇인지 파악하고 가장 핵심적으로 실천하라.
3. 변화의 시기에는 자유로운 의사소통이 필수다.
4. 직원들이 단기간의 목표에 집중하도록 만들어라.

사원채용의 정석
꼼꼼히 따져보고 제대로 뽑아라

이번 주 월요일 아침은 유난히 일어나기가 힘들었다. 이렇게 비가 촉촉히 오는 날에는 그냥 편안하게 침대에 웅크리고 있으면 얼마나 좋을까? 주말 내내 아이들은 집안에서 놀았고, 아이들과 같이 나와 마이클도 집안일을 하고, 쿠키를 굽고, 새로 나온 책들을 훑으면서 지냈다. 온 가족이 함께한 즐거운 주말이었다.

나는 수잔을 만나기 위해 집을 나서면서, 이렇게 행복한 가족이 있다는 것이 얼마나 큰 축복인가 새삼 되새겨보았다. 다른 것도 마찬가지지만, 가족을 위해 따로 시간을 할애하는 것은 정말 노력이 필요하다. 업무가 아무리 바빠도 일주일 중 단 며칠만은 온전히 가족과 지내야 하는 것이다. '이게 바로 직장과 가정 사이에 균형을 잡는 것이겠지'라는 생각이 들었다. 수잔과 나눈 이야기들을 생각하며, 언젠간 균형을 잡는 데도 익숙해지리라 다짐했다.

"안녕, 테일러!" 스타벅스를 향해 걸어가는 주차장에서 수잔의 목소리가 들렸다. "잠깐만요, 같이 들어가요."

나는 수잔과 함께 가게로 들어갔다. 수잔은 오늘 먼데이 모닝 미팅이 끝나자마자 뉴욕으로 가야 한다고 했다. 나는 그녀가 늘 빡빡한 스케줄로 바쁘다는 사실을 잘 알고 있었다. 그런데도 매주 월요일마다 나를 위해 기꺼이 시간을 내준다니! 이처럼 헌신적이고 특별한 멘토를 가졌다는 것, 얼마나 멋진 일인가? 언젠가 나도 다른 사람의 멘토가 되어줄 기회가 온다면 수잔처럼 최선을 다해 노력하리라 다짐했다.

"이렇게 바쁜데 시간을 내주다니 정말 고마워요, 수잔," 나는 또 고맙다는 인사를 했다. "아침에 나를 만나지 않는다면 좀더 느긋하게 출장준비를 할 수 있었을 텐데 말예요."

"전혀 문제없어요. 이 미팅은 우리 둘 모두에게 중요해요, 테일러. 나도 당신처럼 우리의 약속을 끝까지 지켜나가고 있는 것 같아 아주 자랑스러워요. 그러나 오늘만은 정해진 시간만큼만 있어야 해요. 그래, 오늘은 어때요? 회사의 합병은 어떻게 되어가고 있죠? 당신 팀원들은요?" 수잔이 물었다.

나는 먼저 커피를 마신 다음, 문제의 본질로 들어갔다.

"지난 주에는 당신이 말한 것처럼 예전과 다른 관점을 가지고 사람들을 관찰했어요. 놀랍더군요. 특별히 그 30%의 저항자들과 그 사람들의 행동을 유심히 살펴보았죠.

내가 말한 질이라는 직원 기억나죠? 그녀 역시 변화를 거부하고 기존의 방식만을 고집하는 사람이었어요. 새로운 방식이 더 수월하다는 것을 인정하지 못하고 말이에요. 결국 지난 주에 직장을 그만뒀어요. 내 생각에 그녀는 회사가 합병을 하든 무슨 변화가 생기든, 거기에 휘둘리고 싶지 않았던 것 같아요."

"당신의 기분은 어때요?" 수잔이 물었다.

"그녀가 회사를 그만두어서 차라리 속이 시원해요. 그래서 지금 그녀의 자리를 대신할 사람을 찾고 있어요. 정확히 말하자면 두 사람이 필요한 상태죠. 다른 직원이 회사에서 제공하는 조기퇴직수당을 받고 회사를 그만뒀거든요. 그 사람은 괜찮았어요. 하지만 자기 일에 완전히 몰입하여 최선을 다하는 것 같지 않았죠. 제 말 무슨 뜻인지 이해하죠?"

"음, 알 것 같아요. 그러면 이제 새로운 사람을 채용해서 충원해야 되겠군요. 생각하고 있는 계획은 있나요?"

"사실 며칠 전부터 새로운 사람을 찾기 시작했어요. 회사의 인사 부서에서도 내부적으로 괜찮은 사람을 물색하고 있고, 저 또한 정기적으로 이용하고 있는 채용 에이전시를 통해서 살펴보고 있고요. 혹시 직원을 충원하는 데 해주실 만한 충고는 없나요? 얼른 이 일을 마무리 지어야 하거든요. 하지만 급하게 하다가 잘못된 선택을 하고 싶지도 않아요." 나는 말했다.

"그래요, 테일러. 이제 당신은 우리가 이야기했던 20%의 챔피언 이상의 능력이 있는 사람을 채용해야 해요. 문제는 당신이 지원자들을 면접하면서 그런 뛰어난 사람을 알아볼 것인가 하는 것이죠."

"수잔, 난 이렇게 힘든 시기를 함께 헤쳐 나갈 강한 팀이 필요해요. 만약 우리 팀이 이런 상황에서 중심을 잡지 못하면 앞으로 더욱더 힘들어질 거예요. 나는 이 기회를 통해 우리 팀을 더 멋지게 구성하고 싶어요. 제가 언제나 원하는 바죠. 심지어 우리 팀원들의 아이디어도 점점 더 진부해져가고 있다니까요. 마치 전지를 충전하는 것처럼 때때로 팀도 재충전할 필요가 있는데, 제가 보기에 신입직원들이 다른 팀원들을 자극해줄 수 있으리라 생각해요."

"당연해요. 제대로 된 사람을 그에 딱 맞는 자리에 두는 것은 전체 팀에게도 아주 유익하죠. 그런 면에서 나는 '간간하게 채용하고 쉽게 관리하라'는 경영원칙을 절대적으로 믿어요. 이 말이 의미하는 것은 제대로 된 사람을 찾는 데

기꺼이 시간을 투자하라는 거죠." 수잔은 내 말에 적극 동의
했다.

"테일러, 관리자가 된 이후로 이제껏 신입직원을 몇 명이
나 채용해보았나요?" 수잔이 물었다.

"딱 한 명이요." 나는 머뭇거리며 대답했다. "그 사람은 원
래 다른 부서에 있었는데, 누군가 그 사람을 꼭 우리 부서의
관리자로 데려와야 한다고 주장하는 바람에 어떻결에 데려
왔죠. 그래서 엄밀하게 말하자면 나 혼자 뽑은 사람이라고
할 수 없어요. 만약 내게 전권이 있었다면, 과연 그 사람을 데
려왔을까 싶어요. 게으름을 피우고 요령만 부리는 사람이거
든요. 그래서 그 사람과 문제도 있었고요. 그러니 이번이야
말로 내 권한으로 새로운 직원을 뽑을 수 있는 첫 번째 기회
라고 할 수 있죠."

"음, 우선 함께 생각해볼 몇 가지가 있어요." 수잔은 밝은
표정으로 대답했다. "먼저 당신이 입사 지원자를 면접에서
만나 인터뷰하는 기술까지 탁월하다고 단정할 수 없다는 점
이에요. 당신은 면접을 해본 경험이 별로 없으니 인사 부서에
부탁해 면접에 필요한 프로세스를 숙지하세요. 이미 효과가
입증된 자료나 프로세스를 사용하는 게 훨씬 더 수월해요."

나는 수잔의 말에 동의했다. 새로운 직원을 채용하는 것은
분명 관리자의 업무 중 중요한 부분이니까.

"좋아요. 그럼 질문하나 할게요. 물론 인사 부서가 도움이 되겠지만, 최종적으로 내 사람을 뽑을 때는 내가 결정하고 싶어요. 나는 대체로 사람을 제대로 판단한다고 생각하지만, 어떻게 하면 좀더 확실히 알 수 있을까요? 지원자의 이력서나 기본적인 신상에 대한 질문 이외에 제가 눈여겨봐야 할 뭔가가 있나요?"

"테일러, 당신이 염두에 두어야 할 것은 사람들은 자신과 비슷한 이미지의 사람을 채용하고 승진시킨다는 거예요. 질문 하나 할게요. 당신은 당신과 비슷한 사람에게 더 이끌린다는 사실을 느낀 적이 있나요? 예를 들어, 당신이 결혼하여 가족을 꾸린 이후에는 이웃 중에서도 아이가 있는 사람들과 친해졌을 거예요. 그리고 학창시절, 운동을 좋아했다면 당신 주변의 친구들도 거의 다 운동을 좋아하는 사람들이었을 거고요. '그 사람의 친구를 보면 그 사람을 알 수 있다' 는 말이 있잖아요. 그렇다고 생각해요?" 수잔이 물었다.

"네. 그렇다면 나 같은 사람을 찾아야 한다는 건가요?" 사실 수잔의 초점을 제대로 이해한 건지 자신이 없었다.

"사실은," 수잔은 머핀을 한 입 베어 먹고 말을 이었다.

"관리자는 자신의 약점을 보완해줄 수 있는 사람을 뽑아야 자신의 장점에만 집중할 수 있습니다. 당신이 약한 부분에 특별히 강점을 갖고 있는 사람이 있어야 부족한 부분을 보완할 수 있죠. 내가 말하고 싶은 것은, 사실 우리는 우리와 다른 사람에게서는 별 매력을 못 느낀다는 겁니다. 아마 무의식적으로 당신과 비슷한 사람에게 끌리게 될 거예요. 자연스러운 반응이죠."

수잔은 커피 한 모금을 마시고 말을 계속해나갔다.

"직원을 채용하는 데 가장 중요한 것은 그 사람이 당신과 다르다 할지라도 가치관, 태도, 리더십 능력 등과 같은 주요한 부분에서 당신과 공통분모가 있는 사람을 찾는 겁니다. 당신이 앞에서 이야기했던 사람은 어때요, 테일러? 다른 부서에서 온 사람 말예요. 그 사람은 당신의 가치관, 태도, 리더십 능력과 일치하는 부분이 있나요?"

"절대 그렇지 않아요." 아주 단호한 어조로 말했다. "그 사람은 똑같은 물 컵을 봐도 반이 비어 있다고 보는 사람이죠. 다른 팀원들도 그 사람의 비관적인 태도에 지쳐 있어요. 또 그 사람에게 리더십이란 능력이 있는지조차 확신이 서지 않아요. 나는 그렇게 비관적인 태도를 가진 리더는 없을 거예요."

"나도 그런 사람은 피하고 싶네요. 부정적인 태도를 가진 사람을 긍정적으로 변화시키기는 거의 불가능하거든요." 수잔은 좋은 점을 지적하고 있었다. 그 점에서 대해서는 나도 좀더 생각해봐야겠다고 마음먹었다.

그리고 수잔은 괜찮은 사람들을 채용하기 위해 어떤 점들을 살펴보는지 많은 이야기를 해주었다. 그녀는 어떤 유형의 사람이 자신의 팀에 필요한지 정확한 기준을 세워두고 있었다. 수잔이 말하길, 최고의 사람을 직원으로 뽑은 후에는 그 사람이 내 자리를 대신할 수 있을 정도로 성장시켜야 한다고 했다. 처음에는 이상하게 들렸다. 왜 내가 내 지위를 위협하는 사람을 키워야 하는 걸까? 그러나 수잔이 말한 의미는 가능성 있는 직원에게 멘토가 되어 내 뒤를 이을 만한 후계자로 키워야 한다는 말이었다. 수잔은 능력 있는 사람을 채용해서 능력 있는 팀을 만드는 데 필요한 규칙을 알려주었다.

"좋아요. 아주 완벽하게 옳은 말이에요. 능력 있는 사람을 채용해서 능력 있는 팀을 만든다." 나는 말했다. "그렇다면 최종적으로 채용결정을 할 때, 누가 가장 능력 있고 적합한 사람인지 가려내려면 어떻게 면접을 진행해야 할까요?"

"당신이 첫번째 할 일은 면접에 만반의 준비를 하여 지원자의 대답에 집중하는 겁니다." 수잔이 대답했다. "정말 가치 있고 뛰어난 사람들은 자신을 채용하려는 관리자가 면접에 집중하고 자신을 위해 귀중한 시간을 투자하고 있구나 하고 느끼길 원해요. 장담하건대 지원자들 역시 면접자가 자신을 어떻게 생각하는지 알거든요. 여기서 인사 부서의 도움이 필요하죠. 채용과정을 시작하여 역량 있는 직원을 찾기 전에, 면접시 어떤 질문이 적당한지, 혹시 이런 질문은 인격을 모독할 여지가 없는지 주의를 기울여야 해요."

수잔은 목소리를 가다듬고 계속 말했다. "그 다음은, 당신의 팀에게 어울릴 수 있는 개인의 성격이 어떤 것인지를 알아야 해요. 다양한 아이디어와 업무 스타일을 가진, 그야말로 다양성 넘치는 팀을 갖는 게 중요하죠. 그래야 관리자가 개개인의 장점을 제대로 키울 수 있거든요. 물론 다양성 이전에 가장 기본적인 가치관과 인성 면에서 공통점을 갖춰야 하고요.

또 한 가지, 당신보다 더 뛰어난 능력을 가진 사람을 채용하는 걸 두려워하지 마세요. 그래요, 위협적으로 들리는 거 알아요. 하지만 이는 오히려 당신에게 아주 유익해요. 베스트 사원을 채용해야 당신 역시 베스트가 됩니다. 유능한 직원은 관리자를 더욱더 빛나게 만들어 주죠."

나는 수잔이 말하는 모든 것에 대해 확신하게 되었다. 사실 나는 능력이 출중한 사람을 보아도 그리 위협감을 느끼지 않는 사람이 아니었던가.

"당신이 올바른 사람들을 선택하고 있다고 자신감이 든다면, 최종면접을 진행할 때는 다른 사람들도 면접에 참여시키세요. 사실 세 사람 정도가 지원자를 면접하고 서로의 의견을 비교하는 게 최고죠. 하지만 최초 인터뷰에서 지원자들의 세 가지 필수요소, 즉 재능, 태도, 업무능력을 점검하는 것은 당신 몫이에요.

재능은 그 사람의 강점이라고 할 수 있는데, 뛰어나게 말을 잘한다든가, 협상에 강하다든가, 프레젠테이션을 훌륭히 한다든가, 자신의 아이디어를 효과적으로 표현하거나, 컴퓨터 소프트웨어를 아주 능숙하게 다루거나 하는 것들이 있습니다.

태도는 다른 사람과 함께 일할 때 정서적으로 어떤 반응을 나타내는가를 말해요.

그리고 업무능력은 업무를 수행하는 데 필요한 매일 매일의 역량과 기술을 가리키죠."

내가 메모한 것을 본 수잔은 잠시 나를 기다려주었다. 그리고 말을 이었다.

"우선 당신이 채용하고자 하는 자리에 요구되는 능력이 무엇인지 확실히 정하세요. 그 업무를 수행하는 데 부차적으로 필요한 기술은 얼마든지 재교육시킬 수 있다는 것을 염두에 두고요. 또한 매일 맡은 업무를 수행할 수 있도록 그 사람을 어떻게 가르쳐야 할지 방법을 찾아보세요. 관리자로서 당신은 직원들의 능력을 코치하고, 필요한 기술을 훈련시키고, 업무능력을 관리해야 해요.

그리고 태도라는 부분을 절대 과소평가해서는 안 돼요. 나는 무엇보다 먼저 태도를 보고 사람을 채용해야 된다고 생각해요. 제대로 된 태도를 갖춘 사람이라면 필요한 기술을 가르치고 교육시키는 것은 금방이에요.

이해되나요?"

"예, 이해돼요." 나는 대답했다. "사실 여태까지 직원들의 경쟁력, 태도, 업무능력이라는 요소를 당신이 말한 관점으로 생각해본 적은 없지만요. 당신이 직원들을 채용할 때 어떤 면들을 꼼꼼히 살펴보고 점검하는지 듣고 있으니 지금까지 내가 얼마나 많은 시간을 보냈는지, 아니 낭비했는지 알 것 같아요. 다른 부서에서 온 그 직원에게도 얼마나 귀중한 시간을 낭비하고 있었던 건지….

물론 그 사람은 지금 하는 일에서 나름대로 경쟁력도 있고 업무 수행 능력과 기술도 가지고 있죠. 그러나 내가 그 사람에 대해 점검해야 할 것은 바로 업무능력이었던 거 같아요. 그는 회의 때마다 늦게 오고 일도 제시간에 끝내질 못했거든요. 심지어 내가 시간관리를 위한 강좌를 소개시켜줄 정도였는데도, 그 사람의 행동은 전혀 나아지지 않더군요." 나는 기억을 더듬듯 이야기했다. "그 사람은 바로 업무능력과 태도에서 자질이 부족했어요. 문제는 그 두 가지가 우리 팀에서 가장 중요한 요소라는 것이죠."

그때 수잔이 시계를 쳐다보았다. 나는 그제야 수잔이 비행기를 타야 한다는 것을 기억해냈다.

"이런! 당신 지금 나서지 않으면 비행기를 놓칠지도 모르겠어요." 나는 서둘러 자리에서 일어나면서 말했다. 수잔이 가방을 챙기며 나를 바라보았다.

"아침부터 서둘게 해서 미안해요. 하지만 비행기는 나를 기다려주지 않으니까 어쩔 수 없네요. 이번 주도 행운을 빌어요, 테일러. 우선 처음부터 꼼꼼히 따져보고 제대로 뽑아서 괜찮은 직원을 채용하는 일이 가장 중요해요. 합병과 함께 당신이 감당해야 할 모든 일을 수행하기 위해서는 완벽한 팀이 필요할 거예요. 이런, 뛰어야겠네요. 요가수업에서 만나요."

우리는 둘 다 차를 향해 뛰었다. 또다시 바쁜 한 주가 시작되었다.

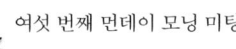

사원채용의 정석
꼼꼼히 따져보고 제대로 뽑아라

1. 지원자를 면접하기 전 만반의 준비를 하고 지원자에게만 집중하라.
2. 지원자의 능력, 태도, 업무능력을 살펴봐라.
3. 자신과 다른 장점을 가진 사람을 채용하라.

The Seventh Monday

회사와 가정생활
일과 가정, 그 아슬아슬한 균형 잡기

지난 주는 지원자들을 면접하느라 참으로 흥미진진했다! 그렇게 재능 있는 사람들이 새로운 직장과 직업을 찾고 있다는 것에 놀랐고, 그들이 가진 다양한 재능을 보고 또 놀랐다.

나는 평소보다 일찍 도착해서 매장의 구석진 자리에 앉았다. 그리고 이력서 몇 장을 마저 살펴보았다.

"좋은 아침이에요, 수잔!" 나는 내 쪽으로 다가오는 수잔을 발견하고 반갑게 인사했다.

우리는 수잔의 뉴욕출장과 가족과의 주말 이야기를 가볍게 주고받았다. 여러 가지 이야기를 듣다보니, 수잔은 지난 주에 경영진 회의에 참석했다고 한다. 나는 수잔이 그런 회의까지 다 참석해야 하는 줄은 미처 모르고 있던 터라, 그렇게 많은 일들을 요술처럼 처리하는 모습이 존경스러웠다.

나는 여전히 직장과 가정 사이를 오가며 숨가쁘게 삶을 유지해나가고 있었다. 나는 과연 수잔처럼 모든 일을 착착 가지런히 해낼 수 있을지 의심스러웠다. 연륜이 쌓이면 저렇게 될까? 그녀의 직장과 가정에 대해 묻고 싶었지만 개인적인 질문을 해도 될지 조심스러웠다. 게다가 새롭게 등장한 또 하나의 문제가 내 마음을 짓누르고 있었다.

"아주 괜찮은 사람들이 전직을 고려하고 있다는 걸 알게 되었죠. 지난 주에 이 단어를 얼마나 자주 들었는지 몰라요. 현재의 직업과 관련된 분야를 떠나 새로운 직종으로 새출발하려면 굉장한 각오가 필요할 텐데 말이에요.

"그래요. 요즘엔 특히 쉽지 않은 일이죠." 수잔이 대답했다.

"내가 채용하고 싶은 남자 지원자는 제조업 계통에서 15년 동안이나 일했다고 하더군요. 정리해고로 회사를 나오게 돼서 제조업을 떠나 새로운 직업을 가지고 새로운 경력을 쌓겠다고 하더군요. 그 사람이야말로 우리 팀에 가장 잘 어울릴 거라고 생각해요. 물론 그 사람 역시 간절히 우리와 함께 일하고 싶어 하고요." 내가 말했다.

"그 사람 말고 다른 지원자들은 어땠나요?" 수잔이 물었다.

"전반적으로 만족스러웠어요. 당신에게 알려줄 두 가지 소식이 있는데, 좋은 것은 오늘 지원자 중 두 명에게 최종적으로 채용제안을 하려고 해요. 정말 다행이죠. 그리고 나쁜 소식은 회사의 합병이 더 빠르게 진행되고 있다는 거예요. 지금보다 더 많은 연장근무를 해야 한다는 의미죠.

물론 나는 열심히 일하는 것이 무섭지도 않고, 팀원들이 업무에 집중할 수 있도록 도와주는 일이 급선무라고 생각해요. 그렇지만 저녁 늦게까지 야근을 하고 또 아침 일찍 출근하는 일이 잦아지면 남편과 아이들이 힘들 것 같아서 걱정이에요. 도대체 당신은 어떻게 혼자서 아들을 키우면서 이런 비즈니스 세계에서 성공할 수 있었죠? 게다가 아들도 아주 훌륭하다고 칭찬이 자자하던데요?"

그러자 수잔은 진지한 표정을 지었다.

"난 사실 어린 나이에 엄마가 되었죠. 내 나이 스물넷에 남편과 이혼하고 혼자 아이를 키워야 하는 상황이었으니까요. 그래서 그런지 제이슨과 나는 부모와 자식이라기보다는 친구처럼 지내면서 살았죠.

그러나 저는 엄격하게 아들을 길렀어요. 가능한 한 엄격하게요. 아이가 잘못하면 손바닥이나 엉덩이를 찰싹 때리는 정도였어요. 그러나 너무 지나치지 않게, 너무 자주 때리지도 않았어요. 다행히 아이는 내가 왜 자기를 꾸중하고 벌을 주는지 이유를 알고 있었죠.

그와 동시에 나는 내가 줄 수 있는 만큼의 큰 사랑을 주었다고 생각해요. 나의 어머니가 나를 키웠듯이, 늘 아이에게 자신감을 불어 넣어줬죠. 어렸을 때 제이슨은 이 세상에서 자기가 가장 멋지고 최고라고 생각했어요. 내가 매일 그렇게 이야기해주었거든요."

수잔은 말을 이어가면서 간간이 미소를 지었다.

"이혼 후 나도 다른 남자들과 데이트를 시작했죠. 다행히 데이트 상대들은 아들과 내가 늘 함께 지내는 '세트'라는 것을 금방 이해했어요. 그래서 나와 데이트 상대와 제이슨, 이렇게 세 명이서 데이트를 한 적이 많아요. 제이슨과 나는 어딜 가든 항상 함께 다녔죠. 슈퍼마켓에 장을 보러 가거나 선물을 사러 갈 때, 학용품을 사러 갈 때도요. 워낙 많은 가게들을 가봐서 아마 그 나이 또래의 아이들보다 심부름을 훨씬 더 잘할 정도였어요."

수잔이 목소리에서는 아들에 대한 자부심이 묻어났다.

"나는 아이에게 항상 사람들을 친절하게 대하라고 가르쳤어요. 그 사람이 뚱뚱하거나, 못생겼거나 내성적이거나 상관하지 말라고요. 겉으로 보기에 아무리 보잘 것 없는 사람이라도 그 사람의 내면은 누구보다 훌륭한 인물일 수 있다고 자주 말했죠. 내 말을 귀담아 들었는지 제이슨에게는 정말 다양한 부류의 친구들이 있답니다.

그리고 우리는 주말마다 함께 교회를 갔어요. 제이슨은 잠

자리에 들기 전이나 식사 전에 꼬박꼬박 기도하는 습관을 들였죠. 물론 나는 엄마로서 더 많은 것들을 해줄 수도 있었을 거예요. 그 당시 그렇게 해줄 수만 있었다면 그렇게 했겠지요. 하지만 내 수준에 맞춰 최선을 다해 아이를 키운 것도 효과가 있었어요. 제이슨은 아주 안정적이고 생각이 깊은 사람으로 자랐으니까요."

수잔은 잠시 말을 멈추었다. 커피를 한 모금 마시더니 천천히 자세를 바꾸었다. 그리고 옛일을 회고하듯 다시 말을 꺼냈다.

"제이슨은 운이 좋게도 할아버지와 할머니의 도움을 많이 받고 자랐죠. 제이슨이 어렸을 때 내 어머니가 제이슨을 봐주셨어요. 아이가 학교에 갔다 돌아오면 늘 할머니 할아버지 집으로 가곤 했지요. 엄마인 저와 할아버지 할머니의 너무나 큰 사랑을 받고 자랐기 때문에 상냥하고 남을 배려할 줄 아는 아이가 된 것 같아요." 수잔은 낮게 한숨을 쉬고는 잠깐 동안 추억에 잠기는 듯했다.

나는 갑자기 수잔의 과거와 가족에 대한 이야기를 듣게 되어 조금 놀라고 당황스러웠다. 어디까지나 나는 직장에서의 업무를 위해 그녀를 만나고 있다고 생각했기 때문이다. 하지만 오히려 거리낌 없이 편안하게 자신의 이야기를 해주어서 나도 한결 푸근한 느낌이 들었다. 그리고 그녀가 아들을 얼마나 자랑스러워하는지 느낄 수 있어서 마음이 뜨거워졌다.

"수잔, 나한테 그런 이야기 해주어서 정말 고마워요. 나도 당신의 처지에 충분히 공감해요. 내게 당신의 이야기를 해줬으니 이젠 내 차례네요. 나도 부모로서 아이들에게 느끼는 죄책감에 대해 솔직하게 말하고 싶어요.

나는 내 일을 사랑해요. 그리고 일을 포기하고 싶지도 않아요. 직장을 그만둔다는 것은 결코 생각할 수 있는 일이 아니에요. 대신 앞으로 집에서 지낼 때 어떻게 시간을 보내면, 어떻게 하면 더 현명하게 시간을 보낼 수 있을지 힌트를 얻는다면 이 답답함을 조금은 덜 수 있을 것 같아요.

요즘은 내가 마이클과 함께 산다는 것이 정말 다행이라고 느껴요. 남편은 내가 너무 많은 것을 성취하려고 스스로를 괴롭힌다고 생각하는지 내게 여유를 갖게 해줘요. 예전에 말했듯이 남편은 저보다 더 세심한 사람이라 내가 너무 휩쓸리지 않게 도와주거든요. 그리고 항상 내가 너무나 자랑스럽다고 이야기해주죠. 내가 회사에서 승진을 한다고 해서 자격지심을 갖지도 않아요. 남편도 직장에서 인정 받고 있거든요. 그래서 우리 두 사람은 일과 가족 사이에서 균형을 맞추려고 엄청나게 노력하고 있어요. 실제 서로에게서 많은 것을 배우기도 하죠."

"당신 곁에 마이클 같은 사람이 있어서 정말 기뻐요. 서로 분명 도움이 되죠. 특별히 당신과 마이클이 일과 가족 사이의 균형을 맞추기 위해 하고 있는 일이 있나요?"

나는 머쓱해서 웃었다. 그런 말을 붙일 정도로 거창한 일은 아니었기 때문이다.

"글쎄요. 사소한 행동이에요. 아이들이 학교에서 어떤 활동을 하는지 잊지 않으려고 종이에 써서 냉장고 문에 붙여두죠. 학부모 회의나 아이들 축구시합 같은 것 말이에요."

"아주 좋은 아이디어에요. 또 다른 건요?" 수잔이 물었다.

"아이들이 태어났을 때 내가 강력하게 주장한 것이 있어요. '절대 회사 일을 집으로 가져오지 말자'는 것이었죠. 처음에는 별로 어려운 일도 아닌 것 같았어요. 하지만 해가 지날수록 지키기가 힘들어서, 퇴근 후 집에 와서 심각한 이야기만 하면 서로 '일은 직장에서!'를 외치게 되었죠.

한번은 마이클이 제게 아주 충격적인 말을 한 적이 있어요. '테일러, 이렇게 계속해서 일거리를 집으로 가져오면 앞으로 당신이 가족들을 소홀하게 여긴다고 생각하겠어.'

세상에, 마이클의 그 말 한 마디로 저는 집에서 업무에 관해 생각하는 것을 멈추고 반성하게 됐죠. 그 이후로는 회사에서 일하는 동안 더 효율적으로 일하려고 해요. 집에서 일 생각을 하지 않으려고 말예요." 나는 얼굴이 화끈 달아오르는 것을 느꼈다.

수잔이 말했다. "그런 충고도 자신의 행동을 반성하게 만드는 한 방법이죠. 사실 회사를 다니다보면 어쩔 수 없이 업무를 집에 가지고 와야 할 상황이 생겨요. 하지만 마이클의 말이 옳아요. 일은 회사에서 최대한 많이, 효율성 있게 해두어야 집에 와서 가족들에게만 신경 쓸 수 있죠."

나는 수잔의 말에 동의했다. 수잔은 내가 계속 말을 이어나가길 원하는 표정으로 나를 바라보았다.

"수잔 말이 맞아요. 그리고 나는 부모노릇도 회사에서의 일처럼 뚜렷한 목적을 가져야 한다고 믿어요. 그래서 마이클과 나는 아이들이 집에서 집안일과 그 외의 자잘한 일들을 처리할 때는 어떻게 해야 하는지 분명하게 일러두고 있어요. 우리 가족이 중요하게 생각하는 가훈과 규칙이 무엇인지 가르칠 수 있는 기회라고 생각하거든요."

"좋아요, 테일러." 이제는 수잔의 차례였다. 나는 연필을 쥐고 메모할 준비를 했다.

"비즈니스 업계의 리더들도 마찬가지예요. 그들은 하나의 사명, 즉 미션Mission을 가지고 회사의 핵심가치를 분명하게 표현합니다. 그런 생각을 가정에 적용하는 것은 아주 훌륭해요. 정말 현명하네요!

한 번은 어떤 리더가 자신과 자신의 가족이 어떻게 사명 선언문Mission statement을 만들었는지 이야기해준 적이 있어요. 가족이 모두 함께 모여서 사명 선언문을 만들고, 문서로 보기 좋게 정리해 여러 장 인쇄했대요. 또 각자가 각 선언문마다 서명을 하게 했답니다. 그리고 그 종이를 액자로 만들어 아이들 방에 하나, 또 부엌에 하나 걸어두었다고 해요. 그 사명 선언문이라는 것은 정말 간단한 것이었대요. '우리는 어떤 일이 일어나더라도 서로를 사랑하고 돕는다.' 이것이 바로 그들의 사명이고, 앞으로 그 사람의 가족들이 살면서 무슨 일을 겪더라도 그 사명을 잊지 않을 거예요. 의미가 변색될 리도 없고요."

수잔은 말을 계속 이어나갔다. "시간이 흐르고 아이들이 자라자 그 사람은 가족모임을 열었어요. 마치 회사에서 회의를 하는 것처럼 말예요. 모임시간은 몇 주 전에 미리 정해졌고, 가족 모두가 반드시 참가해야 했죠. 모든 사람에게는 똑같이 투표권이 있다고 해요. 물론 그와 그의 아내는 가족 중 누군가 또는 전체에게 부적절한 아이디어가 나오면 거부할 권리가 있고요. 휴가장소를 정할 때도 서로 상의해서 투표를 한다더군요. 어떤 때는 가족들이 갖고 있는 기준에 대해서 이야기를 나누기도 하고, 기본적인 규칙에 변화가 있어야 한다고 생각되면 서로 대화를 나눈다고 해요.

그들은 누구나 하고 싶은 말이 있으면 표현하고, 이야기할 수 있는 권리가 있으며, 다른 사람들은 열린 마음으로 듣는다고 해요. 이렇게 열린 의사소통은 가족 간에 일어날 수 있는 문제를 예방하고 서로의 유대관계를 더욱더 공고히 한답니다." 수잔은 말을 마쳤다.

"와, 멋진 가족이군요." 나는 나의 철학도 이야기 했다.

"나도 언제나 아이들이 바르게 커가고 있는지 알려고 하고, 항상 아이들의 솔직한 이야기를 들으려고 해요. 중요한 것은 아이들에게 중요한 것을 가르치기만 하는 것이 아니라, 그들이 정말 중요하게 생각하는 것을 마음속에 심어주는 일 같아요." 나는 이 점에 관해서는 아주 확고한 확신이 있었다.

"테일러, 가족을 부양하는 것은 집을 짓는 일과 비슷해요. 정말 제대로 집을 짓기 위해서는 설계도를 그리고 기초를 닦기 전에 이것저것 많은 것을 생각해야 되요. 나중에 해결해도 좋을 일들, 예를 들자면 배관, 전기시설, 통신설비 등은 설계와 기초공사가 얼마나 탄탄하게 이루어졌는가에 따라 더 쉬워지기도 하고 어려워지기도 하죠. 그렇기 때문에 앞서 계획을 철저하게 짜는 것은 여러모로 유익해요. 당신이 계획을 제대로 세워놓는다면, 어떤 문제가 생겨도 쉽게 수렁에 빠지지 않을 거예요.

앞으로 당신의 가족에게 여러 가지 문제가 생길 수 있을 거예요. 사실 아이들이 자라면서 소소한 문제들은 피할 수 없죠. 그러나 당신과 마이클이 미리 시간을 가지고 가족을 하나로 결속시키는 커다란 계획을 만들어놓으면 부모로서 갖게 되는 어려움도 훨씬 줄어들 거예요. 예를 들어 가훈 같은

142

것들이 포함될 수 있겠죠."

"수잔, 당신은 아들을 키우면서 부모로서의 역할에 대해 미리 계획을 세웠었나요?" 나는 수잔에게 물었다.

"처음부터 그런 건 아니었어요. 그렇지만 이혼 직후 현명한 조언이 절실하다는 것은 느꼈죠. 앞으로 혼자서 제이슨을 키워야 한다는 것을 알았으니까요. 평생 그렇지는 않더라도요. 그래서 지역의 교육센터 등에서 열리는 부모를 위한 강연회에 다니기 시작했어요. 그곳에서 배운 것들과 다른 엄마들, 상담자들에게 들은 가정교육의 원칙들이 정말 큰 도움이 됐어요. 몇 가지 소개할게요.

가정교육의 원칙 네 가지는

1. 언제나 가족을 존중하라 : 사회생활을 하며 경력을 쌓아가면서도, 내 직업보다 더 중요한 것이 무엇인지 항상 염두에 두었죠. 인생에서 내가 정말 사랑하고 또 나를 사랑해주는 사람들이 없다면 그 어떤 것도 가치가 없잖아요? 내 경우에는 하나뿐인 내 아들 제이슨과 우리 부모님, 다른 식구들이었어요. 그래서 내가 재혼을 못했는지도 몰라요, 테일러.

제이슨도 내가 늘 가족을 가장 중요하게 생각하는 걸 지켜보았기 때문에 가족의 가치를 잘 알고 있어요. 물론 가족을 항상 우선순위로 두는 것이 말처럼 쉽지는 않아요. 제이슨이 어렸을 때 침대 옆에서 책을 읽어주다가 내가 먼저 잠든 적도 많죠. 그러나 잠자리에서 책을 읽어주는 사소한 일이 나와 제이슨에게는 일상의 중요한 부분이었어요.

2. 말한 것을 실천하라 : 내가 제이슨에게 '이렇게 하겠다'고 이야기하면, 난 그 약속을 결코 소홀하게 여긴 적이 없어요. 내가 하겠다고 말할 것은 꼭 지켰지요.

제 친구 중 한 명에게 이런 이야기를 들은 적이 있어요. 어떤 엄마가 9살짜리 딸에게 10살이 되면 조랑말을 한 마리 사주겠다고 약속했대요. 지나가는 이야기로요. 그리고 그 엄마는 딸아이의 10번째 생일 전날이 되도록 아이에게 한 약속을 까맣게 잊어먹고 있었죠. 아이는 저녁 내내 내일 아침이면 현관문 앞에 조랑말이 있었으면 좋겠다고 울었대요. 정말, 아이들은 작은 것이라도 쉽게 잊지 않아요. 그러니 우리도 절대 잊어서는 안 되겠죠. 나도 그 이야기를 듣고는 아이와 약속을 할 때 사소한 것이라도 꼭 지키려고 노력해요. 그리고 그 덕분에 제이슨도 약속은 반드시 지키는 것이라고 배웠죠.

3. 목표를 정한다 : 내가 아는 어떤 가족은 매년 새해 첫날에 가족들이 모두 모여서 팝콘을 먹으며 영화를 보고, 그 해의 소망을 글로 쓴다고 해요. 그리고 지난해의 소망을

썼던 종이를 꺼내서 작년 한 해 동안 얼마나 잘 실천해왔는지 살펴본대요. 부모가 아이들이 쓴 것을 확인하듯이, 아이들도 부모님이 작년에 소망한 목적을 이루었는지 확인할 수 있는 기회가 되죠.

4. 집을 특별한 장소로 만들어라 : 나는 언제나 제이슨이 집에 있는 걸 좋아하도록 노력했어요. 집이란 그저 잠을 자고 밥을 먹고 학교에 갔다가 그냥 되돌아오는 장소가 아니라 언제라도 있고 싶도록 말이에요. 그 결과 제이슨의 친구들까지 항상 우리 집에 놀러오고 싶어 했어요. 아마 내가 항상 아이들을 있는 그대로 받아주고, 밖에 나가서 놀라고 하지 않아서 아이들이 좋아했던 것 같아요. 아이들이 놀 때도 별로 간섭하지 않고요.
나와 제이슨, 제이슨의 친구들이 모이면 집이 떠나가라 웃음을 터뜨린 적이 많아요. 제이슨의 친구들은 제이슨이 집에 없는 날에도 나를 보려고 놀러오기도 했다니까요. 그래서 외롭다는 생각을 할 새도 없었답니다. 내 아이가 어디 나가서 뭘 하고 있는지 걱정하는 것보다는 훨씬 나았어요."

수잔은 말은 계속 이어졌다. "테일러, 여기에 덧붙여 괜찮은 이야기를 하나 하자면, 가정이야말로 관리자들에게는 좋은 학교와 같다는 거예요. 어머니가 하는 일과 회사에서의 관리자가 하는 일은 크게 다르지 않아요. 어머니의 역할을 하기 위해서는 정말 여러 가지 경영기술이 필요하죠. 가족들을 한데 모으고, 구성원들의 말을 듣고, 모범을 보이고, 가르치고 코치하고, 가족들을 이끌어나가고, 무슨 일이 일어나는지 살피고, 갈등을 해결하고, 정보를 전달하는 것 등등 회사에서 하는 일과 비슷해요. 불확실한 것을 참아내고 여러 가지 일을 한꺼번에 수행하는 능력 또한 여성에게는 필수적으로 요구되고, 동시에 관리자에게 필요한 일이기도 하잖아요? 테일러 당신도 여성으로서, 엄마로서 당신이 갖고 있는 놀라운 장점을 사회에서 이용해보세요. 한껏 발휘해봐요."

나는 수잔의 긍정적인 태도가 아주 마음에 들었다. 나 역시 그런 능력이 필요했다. 수잔의 말이 옳았다. 나는 그렇게 형편없는 엄마는 아니었던 것이다. '내 위치에서 해야 하는 일을 최선을 다해 하는 것.' 그것이야말로 내게 필요한 말이 아닌가.

나는 안도의 한숨을 쉬고는 수잔에게 말했다. "당신 역시 아들을 키우며 훌륭하게 사회생활을 해냈으니 내가 일과 가족 사이에서 균형을 잡고 싶어 하는 마음을 잘 이해할 거예요. 그러나 세상에 완벽한 것은 없다는 생각이 들어요. 앞으로 무슨 일이 생기든 유연한 태도를 가져야 할 것 같아요. 그렇죠?" 나는 나에게 확인하듯 물었다. "만약 누군가가 '회사에서도 집에서도 완벽하게 사는 법' 같은 걸 알아냈다면, 그에 관련된 책이 수도 없이 넘쳐났을 거예요."

"맞아요." 수잔이 미소를 지었다.

"수잔, 당신에게 아무리 감사해도 모자란다는 것 잘 알아요. 당신은 문제를 아주 간단하게 만들어주고, 이제껏 내게 가르쳐줬던 것처럼 차근차근 하나씩 문제를 해결할 수 있도록 도와주었어요. 나도 따라할 수 있을 정도로요. 오늘 집에 돌아가면 당신의 이야기를 남편에게도 꼭 해줘야겠어요. 아마 그이도 당신의 생각에 동의할 거예요."

"문제없을 거예요. 자, 그럼 오늘도 열정적으로 일하러 갈까요?" 수잔이 웃으면서 내 팔을 끌었다.

회사와 가정생활

일과 가정, 그 아슬아슬한 균형 잡기

1. 업무와 관계된 모든 것은 회사에서 끝낸다.

2. 부모의 역할도 뚜렷한 목적을 가지고 실행해라.

3. 가족 공통의 핵심가치를 정한다.

4. 웃을수록 행복해지는 법, 많이 웃는다.

진정한 리더십
부하직원을 스타로 키우는 리더가 되라

일곱 번째 월요일 이후, 무려 2주 동안 수잔을 만나지 못했다. 수잔은 내게 전화로 갑작스러운 급한 일이 생겨 만날 수 없다고 이야기했다. 도대체 무슨 일인지 너무 궁금했지만, 이제 나는 모든 사실을 알게 되었다!

지난 주, 요가교실에서 수잔에 관한 기분 좋은 이야기를 들을 수 있었다. 수잔의 회사가 우리 시에서 '가장 일하고 싶은 기업' 중 하나로 뽑힌 일 때문이었다. 뉴스에서는 내 멘토인 수잔을 그 회사의 공동 경영자로 소개하고 있었다. 수잔이 얼마나 기뻐했을까! 게다가 그렇게 특별한 사람과 특별한 관계를 맺은 나 역시 굉장한 영광이 아닌가?

나는 흥분된 마음을 안고 스타벅스로 향했다. 우리가 만나지 못했던 지난 2주 동안 나는 수잔과의 먼데이 모닝 미팅을 너무나 간절히 기다려왔다.

지난 주말, 마이클과 나는 이제껏 수잔과의 미팅에서 얼마나 소중한 것들을 얻었는지 이런 저런 이야기를 나누었다. 수잔은 회사에서의 업무는 물론 나 자신까지도 더욱 효과적으로 관리할 수 있는 유용한 방법들을 가르쳐주었다. 한 주 한 주 미팅이 진행되면서, 나는 새로운 세계를 만나는 기분이었다. 때론 수잔은 내 이야기를 묵묵히 들어주면서 내 생각이 그리 나쁘지 않다는 것을 확신시켜주기도 했다. 그리고 수잔 역시 경력을 쌓아가는 동안 지금의 나처럼 실망하고 좌절했다고 솔직하게 털어놓았다.

늘 자상하고 배려 넘치는 남편 마이클은 요즘 들어 내가 회사에서 받는 압박감을 잘 견디고 정서적으로 상당히 안정되어 보인다고 말했다. 내가 좀더 강한 사람이 되었다는 데 우리 둘 다 큰 기쁨을 느꼈다! 이제는 더 이상 회사에서 받은 스트레스를 집에까지 끌고 들어가는 일은 거의 없다. 그래서 그런지 한결 상쾌한 마음으로 일상을 즐기고, 귀가 후 아이들과 노는 시간이 얼마나 행복한지! 남편은 내가 날이 갈수록 좋아지고 있다고 이야기해준다.

마이클은 특히 일곱 번째 미팅에서 이야기했던, '목적을 가진 부모역할' 이라는 개념을 마음에 들어 했다. 마이클은 가족 모두가 중요하게 생각하는 핵심가치를 가지고 서로에게 헌신하는 것이야말로 행복한 가정의 기본이라고 고개를 끄덕였다. 그리고 우리는 드디어 우리 가족만의 사명 선언문을 만들었다!

나는 남편과 함께 사랑하는 두 아들 메이슨과 조쉬를 어떻게 키워야 할지 공통의 의견을 갖게 되어 정말 기뻤다. 또한 아이들에게 정서적으로 안정적이고 화목한 가정생활이 얼마나 중요한지 다시 한 번 깨달았다. 가정에서 많이 웃으라던 수잔의 충고는 우리 가족에게 아주 쉬운 일이었다. 마이클은 탁월한 유머감각을 지닌 사람이라 내가 우울해질 때면 긍정적인 면을 깨닫게 해주는 재능이 있기 때문이다.

나는 수잔에게 줄 작은 선물을 가지고 곧장 가게 안으로 들어갔다. 우리가 즐겨 앉던 그 소파자리가 비어 있기를 바라면서 말이다. 놀랍게도 수잔은 벌써 와서 그 자리에 앉아 있었다. 그녀는 나를 보고 환한 미소로 맞아주었다. 수잔의 말쑥한 검정색 정장과 하얀 셔츠가 오늘따라 너무나 멋져 보였다. 성공한 여성의 강인함과 우아함을 보여주는 의상이었다.

수잔은 자리에서 일어나더니 나를 살짝 안아주었다. "좋은 아침이에요, 테일러. 오늘이 드디어 우리의 마지막 미팅이군요. 할 이야기가 너무나도 많아요."

나는 수잔이 뭔가를 이야기하기 전에 불쑥 말을 꺼냈다. "수잔, 정말 축하해요! 당신 회사에 대한 기사를 봤는데 너무 근사했어요. 어서 그 이야기를 듣고 싶어요. 커피 주문할 동안 잠시 기다려줘요."

수잔은 환하게 웃었다. 우리의 마지막 미팅에서 나눌 이야기로 얼마나 근사한 주제인가? 한 시간 내내 그녀의 이야기만 듣고 싶었다. 나는 이때 커피를 가지고 다시 자리에 앉았다.

"수잔, 어서요. 당신 이야기를 모두 다 듣고 싶어요."

수잔의 회사는 내가 정말 원하는 이상적인 환경이라고 할 수 있었다. 수잔이 이제까지 내게 주었던 충고와 교훈들은 그녀의 회사와 똑같은 업무환경을 만들기 위해 내 위치에서 할 수 있는 일들이라고 할 수 있었다. 나는 수잔이 멋지게 승진한 이야기를 듣고 싶어 참을 수 없었다.

수잔은 의자 끝에 앉아서 자신에 찬 에너지를 마구 뿜어냈다. "사실 우리도 아직 흥분된 상태에요. 물론 우리가 이렇게 성공하기까지는 여러 사람의 노력이 있었지요. 하루아침에 이루어진 게 아니에요." 수잔은 빙긋 웃으며 잠시 말을 멈추었다. "신문에 나온 기사는 아주 멋졌어요, 그렇죠?"

"그래요, 마치 당신을 회사의 대표처럼 대단하게 이야기해 줘서 감동적이었어요. 요가교실의 사람들 모두 당신을 아주 자랑스러워해요." 나는 수잔의 말에 대답하면서 그녀에게 줄 선물을 꺼냈다.

"수잔, 당신에게 줄 선물이 있어요. 지금 열어보세요."

수잔을 위해 준비한 나의 선물은 은빛의 아름다운 액자와 그 안에 들어 있는 그녀에 대한 신문기사였다. 나는 수잔의 표정에서 그녀가 내 선물을 얼마나 마음에 들어하는지 알 수 있었다. "테일러, 이보다 더 특별한 선물은 없을 거예요! 정말 멋진 선물이에요. 내 사무실에 걸어놓고 우리의 우정을 늘 생각할게요. 정말 고마워요." 그리고 수잔은 차분한 목소리로 회사에 관한 이야기를 시작했다.

"내가 말했듯이, 이건 모든 직원들의 노력이었어요. 그리고 지난 주 우리 중 몇몇은 승진을 했죠. 그래서 몇 주 동안 당신을 만날 수가 없었던 거예요. 워낙 일정이 빠듯했거든요."

"이해해요. 그럼 이제 승진도 했으니, 당신 위치에서 해야 할 첫번째 일은 뭐라고 생각해요?" 나는 그것이 제일 먼저 알고 싶었다.

"일단 모든 직급의 직원들과 만나는 데 시간을 써야 할 거 같아요. 그들에게 내 비전을 이야기하고 미래에 어떤 일에 주력할 것인지 이해시키도록 노력해야죠. 일선 직원들의 의견을 들을 수 있는 좋은 기회기도 하고요. 사람들과 많은 이야기를 나누는 것, 지금의 나에게는 가장 중요해요. 모든 사람이 회사의 발전에 참여하고 있다는 것, 개개인 모두가 중요한 역할을 맡아 회사에 기여한다는 것을 알리는 거죠. 이것이 첫 번째 목적이에요. 그럼 테일러, 오늘 아침에는 무슨 이야기를 하고 싶나요?" 수잔은 다시 내 멘토가 되어 있었다.

"사실 지금 수잔이 말한 내용은 저한테도 좋은 주제에요. 나도 우리 직원들이 경력을 더 쌓고 발전해나갈 수 있도록 돕고 싶지만, 어떻게 해야 할지 잘 모르겠어요. 같이 일하는 직원 중 정말 승진했으면 하는 사람이 있어요. 프랑크라는 사람인데, 나보다 우리 회사에서 더 오래 일을 했어요. 그 사람은 자신의 업무에는 정말 탁월해요. 하지만 말수가 적고 조용한 편이죠. 그래서 아무도 그 사람의 진가를 잘 모른답니다. 그 사람을 도우려면 어떻게 해야 할까요?"

내가 궁금했던 것이 바로 이것이다. 오로지 나의 업무와 경력만 챙겨야 하는 것인지, 아니면 그들의 관리자로서 내가 그들을 도우는 역할을 해야 되는 것인지 정말 알고 싶었다.

"프랑크에게 관리자로 승진하는 데 관심 있냐고 물어본 적 있나요? 어떤 사람들은 현재 그들이 하는 일에 만족하기 때문에 굳이 관리자의 역할로 이동하는 걸 원치 않는 경우도 있습니다. 물론 그게 나쁘다는 것이 아니에요. 하지만 우리는 관리자로서 우리를 도와줄 든든한 뒷받침이 필요해요. 리더십 능력을 키우고 싶어 하는 사람들 말이에요." 또랑또랑한 목소리로 수잔이 말했다.

"맞아요." 나는 대답했다. "그래서 며칠 전 프랑크에게 바라는 것이 무엇인지 물어보았어요. 자신도 관리자가 되고 싶은 마음이 있다더군요. 하지만 그 사람 말대로라면 자신의 재능을 뻔뻔하게 과시하지 않고 자신의 업무능력을 인정받고 싶다고 해요."

"그건 말이 안 돼요. 당신은 찾아온 기회를 잘 잡았고 그 기회를 이용해서 당신의 능력을 보여주었기 때문에 관리자로 승진하게 되었어요. 당신을 보여줄 수 있는 결과를 얻었고 그 결과 인정받았던 거예요. 그렇죠?" 수잔은 계속해서 말했다.

"어떤 사람들은 자신이 노력만 하면 인정받을 수 있다고 생각하죠. 하지만 혼자만으로는 부족해요. 우리가 지난번에 이야기했던 회사 내에서 윗사람, 아랫사람과 관련하여 주변 사람들을 관리하는 법을 기억할 거예요. 프랑크는 윗사람들과의 관계를 관리하여 그들에게 자신의 능력을 보여주고 리더로 지명될 수 있도록 노력해야 해요. 자신만의 안락한 영역을 벗어나서 새로운 단계로 도약해야죠.

그렇지만 때로 밖에서 누군가가 기다리고 있다가 그 사람을 과감히 끌어낼 필요도 있어요. 일단 당신은 프랑크가 윗사람들의 눈에 띌 수 있도록 능력과 가능성을 노출시킬 방법을 생각해보세요. 그리고 프랑크 자신이 승진의 기회를 잡을 것인지 선택할 수 있도록 해요."

수잔은 잠시 후 이렇게 제안했다. "프랭크에게 프레젠테이션의 기회를 주는 건 어때요? 당신의 상사나 그밖에 간부들을 대상으로요."

"하지만 그 사람은 워낙 조용한 성격인데 과연 앞에 나서려고 할까요? 그 사람을 그런 부담스러운 자리에 억지로 세우고 싶지 않아요. 하지만 도전 없이는 아무것도 얻을 수 없을 테니…, 한번 제안해보도록 하죠."

"테일러, 당신이 할 수 있는 것은 그 사람에게 기회를 주는 거예요. 어떻게 행동할지는 전적으로 그 사람의 몫이죠.

명심할 것은 모든 사람들은 프레젠테이션에 대해 어느 정도 두려움을 가지고 있다는 거예요. 당신이 그에게 기회를 주지 않으면 그 사람은 절대 성장하지 못해요. 당신이라면 분명 프랭크가 프레젠테이션을 준비하는 데 도움을 줄 수 있을 거예요. 예전에 당신이 어린시절에 얻은 교훈들에 대해 말한 적이 있죠? 남들 앞에 한 번 나서고 난 뒤에는 나서는 것이 어렵지 않았다고 했었잖아요? 그러니 그가 발표를 준비하도록 도와주세요.

나라면 프랭크에게 프레젠테이션 특강을 권해주고 싶은데요. 주변에 찾아보면 말하기나 발표 강연회가 많거든요. 경영을 하고 관리자 역할을 하는 사람이라면 누구나 효과적인 프레젠테이션 기술을 가지고 있어야 해요. 무대 공포중 같은 것은 극복해야죠."

수잔의 말은 구구절절 옳았다. 사실 나는 프레젠테이션 하는 것을 아주 즐겁게 여긴다. 관리자인 내가 프랑크나 우리 팀원들을 돕지 말라는 법은 없지 않은가? 사람들과의 대화나 프레젠테이션 능력은 리더십 자질 중에서도 내가 자신 있는 부분이었다. 그리고 수잔은 내가 알고 있는 리더십 수업들을 다른 사람과 나누라고 하지 않았던가? 나는 수잔의 말을 실천할 수 있는 기회라고 생각이 들었다!

"수잔, 어떻게 하면 될까요? 어떻게 하면 프랑크가 윗사람들에게 인정 받고 준비된 인물로 보이게 할 수 있을까요?"

"프랑크에게 회사 전체에 중요한 영향을 미칠 만한 큰 프로젝트를 맡겨보는 건 어때요? 리더가 되겠다는 마음만 가지고는 충분하지 않아요. 프랑크는 리더가 될 만한 자신의 역량을 남에게 보여줘야만 해요." 수잔은 강조하듯이 말했다.

그러자 나에게 한 가지 아이디어가 떠올랐다. "수잔, 당신 말이 맞아요. 사실 내가 지금 처리해야 할 프로젝트가 있는데, 프랑크가 좋아할지도 몰라요. 지난 몇 년 동안 매년 고객 만족도를 조사하는 회의를 제가 맡고 있거든요.

매년 회사에서는 20명에서 30명 정도의 주요고객을 회의에 초대해 우리의 제품과 서비스에 대한 의견과 감상을 듣고 있어요. 작년에 우리 회사는 다섯 개의 신상품을 출시했는데, 당시 고객들의 의견과 충고가 없었으면 절대 태어날 수 없었죠. 다섯 개 중 네 개는 지금도 아주 잘 팔리고 있는데,

나머지 한 상품이 신통치가 않아요. 올해는 그 이유를 찾아야 할 것 같네요.

사실 고객들보다 시장에 대해 잘 이해하는 사람도 없잖아요? 그래서 올해는 우리의 주요고객 중에서도 가장 중요한 고객 10명을 초대할 예정이에요. 내년에 새로 출시할 상품에 관한 정보를 들을 예정인데, 물론 비밀로 하겠다는 서약을 받죠. 우리가 계획하는 상품이 얼마나 매력이 있는지 고객들의 의견이 필요해요. 고객들의 의견을 들을 때마다 놀라는 거지만, 고객의 아이디어는 참 날카롭더군요. 고객 만족도 회의를 준비하는 데 엄청난 시간이 필요하니까 이 일을 프랑크에게 맡기면 좋을 거 같아요. 나도 도와주고요. 또한 이번 일은 나에게도 더 성장할 수 있는 기회가 될 것 같아요. 내가 프랑크에게 이 일을 맡긴다는 것은 아랫사람이 내 기준에 맞게 일을 진행하리라는 신뢰를 쌓는 연습이니까요."

그러자 수잔이 충고를 빠트리지 않았다. "이것은 잊지 말아요, 테일러. 당신이 잘 모르는 것은 절대 요구하지 말라는 걸요. 당신을 대신할 만한 사람에게 권한을 위임하는 것은 좋아요. 그렇다고 해서 당신의 책임까지 전가되는 것은 아니에요. 여전히 그 일의 책임은 당신의 몫이 될 거예요. 사소하고 지엽적인 것을 이해하면서 동시에 거시적인 경영의 방법을 배우는 것은 관리자에게 아주 중요해요. 관리와 경영은 모든 것이 딱 맞아 떨어지는 과학이 아니라 예술이라는 것이 내 신념이에요."

나는 수잔의 말에 동의했다. "프랑크는 사소한 부분을 다루는 데 탁월해요. 이번 일은 그에게 아주 잘 어울릴 거예요. 회사의 경영진들도 고객 만족도 회의에 참석하는데, 이 기회에 자신의 능력을 내보이고 인정받을 수 있을 겁니다. 완벽해요, 수잔. 어서 가서 프랑크와 이야기를 나누고 싶어요. 내가 도와주면 프랑크는 이 기회에 크게 성장할 거예요."

"또 한 가지요, 테일러. 리더로서 당신의 책임 중 하나는 당신의 팀원 중에서 가장 유능한 10%의 직원들이 승진할 수 있도록 돕는 거예요. 만약 당신의 도움으로 프랑크가 다음 번 인사발령에서 승진하게 된다면 다른 사람들도 프랑크처럼 승진할 수 있는 기회가 있을 거라고 생각하겠죠."

수잔은 관리자로서의 성공은 내가 얼마만큼 일을 잘하느냐가 아니라, 내 팀원들이 얼마나 일을 잘하느냐에 따라 평가된다는 것을 가르쳐주었다.

"테일러, 솔직히 말해 나도 승진했다는 것이 너무나 좋아요. 그리고 그 승진이라는 결과는 우리 팀이 아주 훌륭하게 업무를 수행해주었기 때문이라는 것도 알고요. 내가 새로운 역할을 맡아 과거의 업무를 팀원들에게 맡긴다 하더라도 잘 돌아갈 거라고, 한 치의 오차도 없이 완벽하게 처리될 거라고 믿어 의심치 않아요. 내가 승진할 수 있었던 이유를 한마디로 정리하자면 이거예요. 우리 팀원들이 일을 하면 나도 내 일을 효과적으로 수행하고 인정받을 수 있다는 생각을 절대 잊지 않았기 때문이죠."

나는 주저하면서 시계를 보았다. 이제 우리의 미팅이 거의 끝나갈 시간이었다. 아쉬운 마음에 약간은 칭얼대는 투로 말했다.

"수잔, 우리의 미팅이 끝나가서 정말 아쉬워요. 더 이상 먼데이 모닝 미팅에서 당신을 만날 수 없다는 것이 믿어지지 않아요. 하지만 간혹 만나서 커피 정도는 마실 수 있었으면 해요. 앞으로 당신에게 묻고 싶은 게 생기면 전화해도 될까요? 당신의 이야기는 내게 너무 큰 동기부여가 되거든요."

"음, 그러면 우리만 알 수 있는 암호를 만들까요?" 수잔은 장난기 어린 표정을 지으며 말했다. "내 충고나 도움이 절실히 필요할 때면 도움이 필요하다는 휴대전화의 문자 메시지를 남기는 거예요. 그러면 당신이 어려움에 처했다는 뜻으로 알고 가능한 한 빨리 전화를 하도록 할게요. 어때요?"

"정말 좋은 생각이에요! 그리고 이렇게까지 나를 배려해주고 챙겨줘서 고마워요. 정말 힘들고 어려울 때만 신호를 보낼게요. 쓸데없이 자주 하지는 않겠다고 약속하죠."

"자, 테일러. 우리의 만남, 정말 즐거웠어요. 미팅이 끝났다고 전혀 모르는 사람처럼 모른 체하며 지내지는 않을 거예요."

가방을 챙겨서 일어서면서 수잔이 말했다.

"당신과 함께라면 커피는 언제든지 환영이고, 하고 싶은 말이 있으면 언제나 듣고 도움을 주고 싶어요. 사실 내가 당신에게 감탄한 것 하나가 있어요. 당신은 항상 우리의 대화를 진지하게 받아들이고 우리가 논의한 내용을 최대한 적용해보려고 노력했죠. 그렇게 당신이 매주 성장해나가는 모습을 보는 게 아주 기뻤답니다. 하나의 보람이었다고나 할까요.

당신도 조만간 현재의 나 같은 위치에 오를 것이라고 기대해요. 내가 당신에게 도움만 주고 얻은 게 없다고 생각하지 마세요. 당신의 열정과 긍정적인 태도를 보는 그 자체만으로도 엄청난 기쁨이었으니까요. 커피의 크림거품은 늘 하늘을 향해 부풀어 오르죠. 당신은 그런 크림 같은 사람이에요, 테일러."

우리는 서로 따뜻하게 안아주고 밖으로 나갔다. 내가 주차장 쪽으로 가려고 하자, 수잔이 얼른 가방에서 조그만 꾸러미를 꺼내 주었다. 밝은 미소와 함께.

"이제 내가 당신에게 선물을 줄 차례군요, 테일러."

나는 전혀 뜻하지 않았던 선물에 깜짝 놀랐다. 꾸러미 안에는 아주 단순하면서도 우아한 순은 열쇠고리가 들어 있었다. 순간 감정에 복받쳐서 눈물이 나오려는 것을 간신히 참았다.

"우리가 지금까지 살펴보았던 리더십에 관한 요점, 즉 키 포인트*key point*와 앞으로도 계속해서 배우게 될 교훈을 상기시켜주기 위한 거예요. 사람을 관리하고 경영하는 것은 오랜 시간 공을 들여가며 배우는 것이죠. 그러나 리더십이란 절대 어려운 것이 아니에요. 리더십을 간단하게 키스 (K.I.S.S)라고 정의할 수 있는데, '있는 그대로, 단순하게 유지할 것(Keep it straightforward and simple)'이라는 의미죠. 테일러 당신이 항상 긍정적인 태도를 유지하고 팀원들을 있는 그대로 대하면, 팀원들은 당신을 위해서 열심히 일할 거예요. 왜냐하면 팀원들은 당신을 신뢰하니까요. 사람들이 당신을 신뢰하는 한, 일에 대해서는 최고가 될 거예요."

수잔이 말을 마쳤다. 그 순간, 지난 8주라는 짧다면 짧은 시간 동안 우리가 만들어온 유대감이 얼마나 끈끈한지 생생하게 느낄 수 있었다.

나는 나의 멘토 수잔에게 한 번 더 고맙다는 인사를 하고, 계속 연락하며 지내자고 하면서 헤어졌다. 회사로 가는 동안, 나는 여전히 수잔과 같은 곳을 바라보고 있다는 생각이 들었다. 커다란 행복이 밀려왔다!

진정한 리더십

부하직원을 스타로 키우는 리더가 되라

1. 당신이 잘 모르는 것은 절대 요구하지 말라.
2. 매니저로서의 성공은 내가 얼마만큼 일을 잘하느냐가 아니라, 내 팀원들이 얼마나 일을 잘하느냐에 따라 평가된다
3. K.I.S.S. – 있는 그대로, 단순하게 유지할 것!
   (Keep it straightforward and simple)

행복과 성공을 동시에 선물한
먼데이 모닝 미팅

수잔과 8주간의 먼데이 모닝 미팅을 가진 지 벌써 2년이
지났다. 나는 아직도 수잔이 준 열쇠고리를 지니고 다니며
그녀가 나의 경력과 인생에 얼마나 큰 영향을 끼쳤는지 항상
생각한다. 아직도 우리는 퇴근 후 가끔 만나 커피를 마시며
회사에서 일어나는 중요한 일이나 이런저런 세상 사는 일에
대해 이야기를 나누고 있다.

그때 수잔이 내게 해준 리더십에 관한 이야기들은 모두 옳
았다고 생각한다. 사람을 관리하는 데는 언제나 난관이 있고
어려움이 있지 않은가? 그러나 나는 수잔이 해준 충고를 발
판 삼아 그 난관들을 잘 헤쳐나가고 있다.

지난 2년 동안 이런 일들이 있었다. 우리 귀여운 아이들, 메이슨과 조쉬는 이제 초등학교 3학년과 5학년이 되었다. 학교생활은 문제없이 잘 해나가고 있고, 덕분에 나는 집에 오면 아이들의 이런 저런 이야기를 듣느라 시간 가는 줄 모른다.

남편 마이클은 다니던 회사가 합병되면서 직장을 잃었지만, 위기를 기회로 만들어 새로운 분야에서 경력을 쌓기 위해 새 출발을 했다. 물론 출발은 그리 만만하지 않았지만 지금은 자신의 변화에 행복해하고 있는 것 같다. 사실 전혀 예상치 못했던 변화에도 잘 적응하고 대처해나가는 남편이 진심으로 자랑스럽다. 아마도 수잔이 내게 해준 충고가 마이클에게도 긍정적인 영향을 미친 것이 아닐까? 나는 그렇게 확신한다.

그리고 나는 회사에서 좀더 높은 지위로 승진을 했다. 덕분에 예전보다 더 많은 책임을 지고 더 잦은 보고를 받고 있다. 항상 축복받았다고 생각할 정도로 행복하다.

우리 회사의 합병은 아주 성공적이었고, 상사인 더그는 올해 은퇴할 때까지 나와 함께 일했다. 그의 은퇴 후 곧 새로운 상사가 임명되었고, 나는 아직도 새로운 상사를 '길들이고' 있는 중이다. 상사는 나처럼 윗사람의 문제까지 알아서 헤아리는 직원을 만나본 적이 없는 듯했다. 상사나 나나 새로운 방식에 적응하고 있다고 할 수 있다. 그래서 그런지 수잔이

해준 첫번째 충고를 늘 실천하려고 노력하는 중이다. '인내하세요, 테일러.'

나와 다른 부서에 있으면서 내 속을 썩였던 브랜든을 기억하는가? 그와 나는 이제 업무에 있어서 둘도 없는 사이가 되었다. 중대한 일이든 쉬운 일이든 그는 언제나 최선을 다해 협조해주었다. 믿거나 말거나지만, '언제나 시간은 정확히!' 가 그의 모토가 되었을 정도다. 브랜든은 나에게 '내 사람이 아닌 사람 다루기'의 중요성과 결과를 입증해준 고마운 동료다.

꼼꼼히 따져보고 제대로 뽑으라는 충고는 아직도 어렵고 힘든 일이긴 하지만, 그 결과는 아주 달콤했다. 나는 지난 2년 동안 여섯 명을 새로 채용했는데, 그 중 네 명은 아주 뛰어난 사람들이라 우리 팀을 더욱 막강하게 만들어주었다. 나머지 두 사람 중 하나는 바로 퇴사시켰고 다른 한 사람은 현재 훌륭하게 발전하고 있다. 나는 앞으로도 '꼼꼼히 따져보고 제대로 뽑아라'는 경영법칙을 완벽하게 실행할 것이다.

조용한 성격이지만 누구보다 능력 있는 프랑크는 6개월 전에 승진했고, 요즘 한창 경영자로서 숨겨진 재능을 발휘하고 있다. 그는 리더십을 계발하는 모임에 가입했고, 이제는 회사에서 프레젠테이션 하면 먼저 인정 받는 사람이 되었다. 나는 그의 성공이 너무나도 자랑스럽다. 관리자로서 내 휘하에 있는 사람이 새로운 기회를 잡아서 승승장구하는 것을 보는 것보다 더 큰 만족은 없다는 것을 깨달을 정도다.

그리고 현재 내 마음속에서 가장 중요한 위치를 차지하는 사람은 카렌 피어스Karen pearce다. 왜냐면 내가 그녀의 멘토가 되었기 때문이다! 카렌은 우리 시의 종합병원에서 수간호원으로 일하고 있는데, 나는 수잔에게서 배운 교훈이 직업의 분야를 막론하고 모든 여성에게 적용될 수 있다는 것을 발견했다. 우리는 매주 월요일 아침에 스타벅스에서 만난다. 마치 나와 수잔이 그랬던 것처럼 말이다.

카렌과 함께 리더십에 대한 이야기를 나누는 기간 동안, 나는 나의 멘토 수잔에게서 전해 들었던 귀중한 교훈을 다른 사람에게 되돌려줄 수 있어서 너무나 큰 기쁨을 느끼고 있다.

이 책을 읽고 있는 당신도 내가 배웠던 소중한 교훈들을 당신의 것으로 만들고, 절망에 빠진 주변의 사람들에게 먼저 도움의 손길을 내밀었으면 하는 바람이 있다. 지금까지 수잔과 나의 이야기들이 당신에게 새로운 관점을 제시하고 영감을 불러일으켰는가? 현명한 리더가 되기 위해 당신에게 가장 필요한 능력은 무엇이라고 생각하는가? 당신이 최고가 되기를 바라면서 이 글을 마친다.

수잔이 선사하는 지혜의 모음

"리더십은 리더가 직접 거머쥐는 겁니다. 그래서 리더십을
얻는 데는 길든 짧든 시간이 필요해요."   page-27

"일 잘하는 관리자는 꼭 필요한 경우에만 회의를 소집합니
다. 회의란 당신의 팀원들이 좀더 수월하게 업무를 처리할
수 있도록 도움을 주거나, 직원으로서 반드시 숙지해야 할 일
이 있을 때, 효율성 높은 직원이 되도록 가르쳐줄 것이 있을
때만 가치가 있는 것이죠."   page-52

"세상에는 분명 당신과 다르게 생각하고 이야기하는 사람이

있답니다. 당신의 스타일이 옳은지 틀린지 하고는 전혀 상관 없죠. 그냥 다른 것뿐이니까요." page-67

"어떻게 해야 부서를 넘나들며 일을 할 수 있는지 기존의 사고 를 변화시켜야 해요. 위에서 아래로의 수직적인 이동이 아니 라 서로 같은 위치에서 수평적으로 협력할 수 있도록 말예요." page-84

"우리는 래플렉시티의 세계에 살고 있어요. 우리는 현재 아주 빠른 속도로 변해가는 비즈니스 환경에서 살고 있고, 무엇인가 변할 때마다 더 많은 변화가 더 복잡하게 일어난다는 뜻이에요." page-96

"'나도 잘 모르겠어요'라고 솔직하게 말한다고 해서 절대 흠이 되진 않아요." page-98

"우리는 업무가 정확하게 진행되도록 강요하는 것보다, 해야 할 업무에 우선 집중하는 것이 더 중요하다고 보았죠." page-108

"핵심과제는 핵심적으로 하라!" page-110

"관리자는 자신의 약점을 보완해줄 수 있는 사람을 뽑아야 자신의 장점에만 집중할 수 있습니다." page-124

"중요한 것은 아이들에게 중요한 것을 가르치기만 하는 것이 아니라, 그들이 정말 중요하게 생각하는 것을 마음속에 심어 주는 일 같아요." page-142

"가정이야말로 관리자들에게는 좋은 학교와 같아요. 어머니가 하는 일과 회사에서의 관리자가 하는 일은 크게 다르지 않죠." page-145

"당신이 항상 긍정적인 태도를 유지하고 팀원들을 있는 그대로 대하면, 팀원들은 당신을 위해서 열심히 일할 거예요. 왜냐하면 팀원들은 당신을 신뢰하니까요." page-162

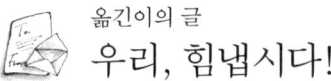

　주변을 둘러보면 나같이 재택근무로 일하는 사람을 제외하고는 문자 그대로 '가정주부'는 없어진 시대가 된 듯하다. 생산성의 극대화를 추구하는 현대사회의 현실 덕분에 여성이 그냥 집에 가만히 있을 수 없는 것이다. 물론 주위를 보면 참으로 능력 있고 뛰어난 여성들이 많다. 그러나 그 뛰어난 여성들 중 진정 새로운 산업환경에서 리더로서 빛을 발하는 사람은 의외로 많지 않다. 왜 그럴까? 솔직히 여성들 스스로가 리더로서 나서고 싶어 하지 않는 부분도 있고, 우리 사회에서 여성의 리더십 교육을 간과했기 때문이라는 생각도 든다.

어떤 일을 하든지, 가정과 일을 병행하는 여성이라면 이 책에 크게 공감할 것이다. 나만 해도 깨달은 것이 많으니까. 특별히 승진이나 거창한 사회적 목표를 갖지 않더라도, 일과 가정생활을 병행하는 일 자체가 아주 고된 것이 아니던가. 특히 가사와 육아에 대한 책임을 공동의 것으로 여기기보다 부수적인 것으로 여기는 남성들이 대부분인 한국사회에서, 일하는 여성은 그 자체로 기적이라고 할 수 있다.

세계적으로 고학력의 우수한 인력을 가진 대한민국. 그러나 여성의 사회 진출도는 OECD 국가들 중에서도 하위를 차지하는 사실은 무엇을 의미할까? 나는 여성 스스로가 리더십 훈련을 통해 자질을 계발하고, 리더로서 치고 나가려는 욕심이 상대적으로 부족하다고 생각한다. 또한 여성들끼리의 유대관계도 더욱 신경써야 한다고 생각한다.

Sisterhood라는 해외 인터넷 사이트를 본 적이 있다. 여성들끼리 공감할 수 있는 개인적, 사회적인 이슈를 털어놓고 여성들의 사회적 연대와 유대를 다지기 위한 사이트다. 여성이 조직이나 회사 안에서 인정받고 성공하려면 능력을 갖추는 것은 물론이요, 남성과 여성을 두루 섭렵하는 인간관계가 중요하다.

만약 당신에게 네트워킹의 기술이 부족하다면 여러 가지 프로그램을 찾아보라고 권하고 싶다. 예를 들면, 주변의 문화

센터만 보더라도 여성을 위한 창업훈련 코스, 기술훈련 프로그램, 리더십 훈련은 물론 네트워킹과 자기계발에 필요한 거의 모든 것이 이루어지고 있다. 본문 중의 내용처럼 '천리 길도 한 걸음부터' 라고 하지 않던가? 용기를 갖고 첫 발을 내딛는 것이 가장 중요하다.

조금만 더 크게 보면, 내가 가진 능력을 발휘할 수 있는 기회는 많다. 조금만 부지런하게 움직이며 새로운 지식과 기술을 습득한다면 당신이 원하는 것을 얻을 수 있을 것이다. 비즈니스의 리더는 결코 남의 이야기가 아니다. 분명 당신의 가능성을 찾을 수 있을 것이다.

지은이 소개

발레리 소콜로스키 *Valerie Sokolosky*

미국 텍사스 *Texas* 주의 댈러스 *Dallas* 에 위치한 국제적인 리더십 계발 회사
인 '발레리&컴퍼니 *Valerie & Company*' 의 대표다.
25년간 국제적인 연설가이자 7권의 책을 저술한 저자로서 비즈니스 업계
에 큰 영향을 발휘해왔다. 넘치는 에너지와 인상 깊은 프레젠테이션으로
유명하며, 수천 명의 사람들에게 날카로운 통찰력이 번득이는 이야기와
실천 가능한 전략들을 제공하면서 기업가들의 리더십을 발전시키도록 돕
고 있다. 또한 그녀의 회사는 〈월 스트리트 저널 *Wall Street Journal*〉의 표
지를 장식할 만큼 인정받고 있다.
그녀의 주요 고객으로는 마이크로소프트 *Microsoft*, 델 컴퓨터 *Dell
Computers*, 에이본 *Avon*, 메리 케이 *Mary Kay*, 쉘 *Shell Oil*, 화이자 *Pfizer*, 모
토롤라 *Motorola*, 아메리칸 에어라인 *American Airlines*, 영국항공 *British
Airways* 등이 있다.

홈페이지 : http://www.valerieandcompany.com

옮긴이 소개

정경란

동국대학교를 졸업하고 한국학중앙연구원 박사과정을 수료했다. 라디오
방송 작가, 영상번역작가를 거쳐 현재 전문 번역가로 왕성하게 활동중이
다. 《몸과 영혼의 에너지 발전소》,《영혼을 깨우는 100일간의 여행》,
《New Normal : 부와 비즈니스가 움직이는 새로운 기준》,《당신만의 성공
기준 12 선택》등 여러 책을 번역하고 있다.

한언의 사명선언문

Our Mission ─• 우리는 새로운 지식을 창출, 전파하여 전 인류가 이를 공유케
함으로써 인류문화의 발전과 행복에 이바지한다.

─• 우리는 끊임없이 학습하는 조직으로서 자신과 조직의 발전
을 위해 쉼없이 노력하며, 궁극적으로는 세계적 컨텐츠 그룹
을 지향한다.

─• 우리는 정신적, 물질적으로 최고 수준의 복지를 실현하기 위
해 노력하며, 명실공히 초일류 사원들의 집합체로서 부끄럼없
이 행동한다.

Our Vision 한언은 컨텐츠 기업의 선도적 성공모델이 된다.

저희 한언인들은 위와 같은 사명을 항상 가슴 속에 간직하고
좋은 책을 만들기 위해 최선을 다하고 있습니다.
독자 여러분의 아낌없는 충고와 격려를 부탁드립니다.

• 한언 가족 •

HanEon's Mission statement

Our Mission ─• We create and broadcast new knowledge for the
advancement and happiness of the whole human
race.

─• We do our best to improve ourselves and the
organization, with the ultimate goal of striving to
be the best content group in the world.

─• We try to realize the highest quality of welfare
system in both mental and physical ways and we
behave in a manner that reflects our mission as
proud members of HanEon Community.

Our Vision HanEon will be the leading Success Model of the
content group.